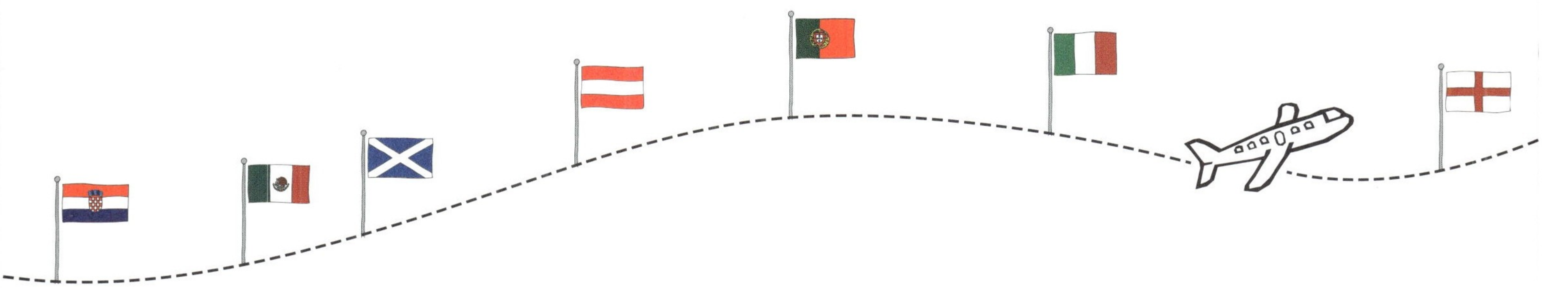

In 15 Kleidern um die Welt

GRAN
BAILE
DE

MODELLE

Athen

FLÄCHE .... 131.957 km²

EINWOHNERZAHL 10.995.000

BEVÖLKERUNGSDICHTE ...... 82 Einwohner pro km²

TOPP

Trick 17

Mach dein Leben leichter!

128 S., 14,5 x 19,5 cm, SC
ISBN 978-3-7724-**7754**-6
€ (D) 10,00

400 S., 16 x 21 cm, SC
ISBN 978-3-7724-**7514**-6
€ (D) 17,00

320 S., 16 x 21 cm, SC
ISBN 978-3-7724-**7468**-2
€ (D) 17,00

320 S., 16 x 21 cm, SC
ISBN 978-3-7724-**7623**-5
€ (D) 17,00

320 S., 16 x 21 cm, SC
ISBN 978-3-7724-**6455**-3
€ (D) 17,00

320 S., 16 x 21 cm, SC
ISBN 978-3-7724-**7716**-4
€ (D) 17,00

320 S., 16 x 21 cm, SC
ISBN 978-3-7724-**7745**-4
€ (D) 17,00

www.topp-kreativ.de

120 S., 22 x 23,5 cm, HC
ISBN 978-3-7724-**7553**-5
€ (D) 16,99

112 S., 29,5 x 25 cm, HC
ISBN 978-3-7724-**7593**-1
€ (D) 15,99

80 S., 22 x 23,5 cm, HC
ISBN 978-3-7724-**7704**-1
€ (D) 14,99

144 S., 21 x 28 cm, HC
ISBN 978-3-7724-**5971**-9
€ (D) 19,99

144 S., 19 x 24,6 cm, HC
ISBN 978-3-7724-**7731**-7
€ (D) 19,99

240 S., 19 x 23,4 cm, HC
ISBN 978-3-7724-**7717**-1
€ (D) 19,99

224 S., 23,5 x 28,5 cm, HC
ISBN 978-3-7724-**7707**-2
€ (D) 29,99

96 S., 23,5 x 25,5 cm, HC
ISBN 978-3-7724-**7730**-0
€ (D) 14,99

224 S., 21 x 28 cm, HC
ISBN 978-3-7724-**7580**-1
€ (D) 12,99

176 S., 21 x 28 cm, HC
ISBN 978-3-7724-**7543**-6
€ (D) 22,99

64 S., 17,5 x 28,5 cm, HC
ISBN 978-3-7724-**4255**-1
€ (D) 12,99

64 S., 19,5 x 25 cm, HC
ISBN 978-3-7724-**7688**-4
€ (D) 12,99

96 S., 22,2 x 23,5 cm, HC
ISBN 978-3-7724-**8035**-5
€ (D) 15,99

80 S., 19,5x 25 cm, HC
ISBN 978-3-7724-**8034**-8
€ (D) 14,99

80 S., 19,5 x 25 cm, HC,
ISBN 978-3-7724-**8036**-2
€ (D) 14,99

96 S., 19,5 x 25 cm, HC
ISBN 978-3-7724-**8018**-8
€ (D) 12,99

www.topp-kreativ.de

128 S., 21 x 28 cm, HC
ISBN 978-3-7724-**7653**-2
€ (D) 16,99

144 S., 21,5 x 28,5 cm, HC
ISBN 978-3-7724-**7724**-9
€ (D) 16,99

160 S., 21 x 28 cm, HC
ISBN 978-3-7724-**7720**-1
€ (D) 12,99

176 S., 19 x 24,6 cm, SC
ISBN 978-3-7724-**7738**-6
€ (D) 14,99

128 S., 20,4 x 24,8 cm, HC
ISBN 978-3-7724-**7590**-0
€ (D) 19,99

80 S., 19 x 24,5 cm, HC
ISBN 978-3-7724-**7672**-3
€ (D) 12,99

76 S., 25,5 x 22 cm, SC
ISBN 978-3-7724-**7723**-2
€ (D) 10,99

128 S., 21 x 26,5 cm, HC
ISBN 978-3-7724-**7740**-9
€ (D) 15,99

160 S., 22 x 24 cm, HC
ISBN 978-3-7724-**6476**-8
€ (D) 22,00

128 S., 22 x 24 cm, HC
ISBN 978-3-7724-**6487**-4
€ (D) 22,00

112 S., 22,2 x 24 cm, HC
ISBN 978-3-7724-**6402**-7
€ (D) 16,99

112 S., 22 x 29 cm, HC
ISBN 978-3-7724-**6467**-6
€ (D) 16,99

160 S., 21 x 28 cm, HC
ISBN 978-3-7724-**6475**-1
€ (D) 19,99

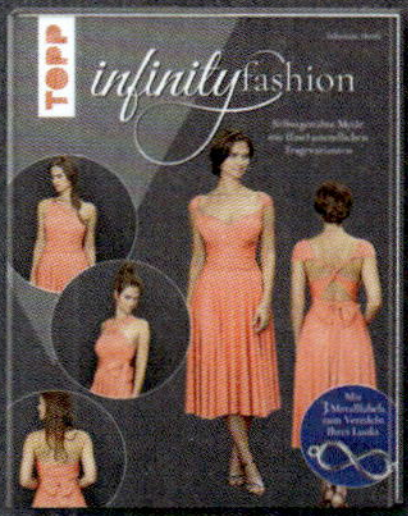

112 S., 19,5 x 25 cm, HC
ISBN 978-3-7724-**6490**-4
€ (D) 16,99

128 S., 21 x 28 cm, HC
ISBN 978-3-7724-**6488**-1
€ (D) 16,99

320 S., 21 x 28 cm, HC
ISBN 978-3-7724-**6453**-9
€ (D) 29,99

96 Seiten, 21,9 x 23 cm, SC
ISBN 978-3-7724-**6217**-7
€ (D) 15,99

176 Seiten, 22 x 26 cm, HC,
mit 3 Tafelflächen z. Üben
ISBN 978-3-7724-**8234**-2
€ (D) 22,00

144 S., 21,9 x 23 cm, SC
ISBN 978-3-7724-**8304**-2
€ (D) 16,99

256 S., 19,5 x 25 cm, HC
ISBN 978-3-7724-**7751**-5
€ (D) 14,99

80 S., 21,7x 24,1 cm, SC
ISBN 978-3-7724-**8285**-4
€ (D) 12,99

256 S., 22,8 x 28 cm, HC
ISBN 978-3-7724-**8300**-4
€ (D) 19,99

96 S., 24 x 24 cm, SC
ISBN 978-3-7724-**8306**-6
€ (D) 11,99

64 S., 26,5 x 37 cm, SC
ISBN 978-3-7724-**8243**-4
€ (D) 12,99

144 S., 19,2 x 24,5 cm, SC
ISBN 978-3-7724-**8240**-3
€ (D) 16,99

128 S., 19 x 24,6, SC
ISBN 978-3-7724-**8311**-0
€ (D) 14,99

240 S., 23,4 x 31 cm, HC
ISBN 978-3-7724-**8250**-2
€ (D) 16,99

224 S., 23,4 x 31 cm, HC
ISBN 978-3-7724-**8253**-3
€ (D) 14,99

www.topp-kreativ.de

GRIECHENLAND

ANLEITUNG

1 Die Schnittteile 4-7 jeweils mit der Vlieseline verstärken.

2 Danach das Vorder- und Rückteil ringsherum versäubern. Die Seitenkanten beider Rockteile ebenfalls versäubern.

3 Jeweils das Vorder- und Rückteil auf der NZG der Schultern einkräuseln: Dafür 2 Stepplinien mit großen Stichen nähen. Eine Seite verriegeln. An der anderen Seite den Faden hängen lassen und so lange daran ziehen, bis das gewünschte Endmaß erreicht ist: Gr. 34: 10,5 cm/Gr. 36: 10,8 cm/Gr. 38: 11 cm/Gr. 40: 11,3 cm/Gr. 42: 11,5 cm/ Gr. 44: 11,7 cm/Gr. 46: 11,9 cm.

4 Die Unterkante des Vorderteils r-a-r an die Oberkante des vorderen Rockteils legen und zusammennähen. Die NZG auseinanderbügeln. Das Rückteil auf die gleiche Weise an das rückwärtige Rockteil nähen.

5 Das vordere Kleidteil r-a-r auf das rückwärtige Kleidteil legen und die rechte Seitenkante zusammennähen. Danach die NZG auseinanderbügeln.

SCHWIERIGKEITSGRAD 1

GRÖSSE

34-46

MATERIAL

* Stoff 1: Baumwollstoff in Weiß, 330 cm x 140 cm (bis Gr. 40)/ 360 cm x 140 cm (ab Gr. 42)
* Vlieseline, 40 cm
* Nähgarn in Weiß
* Ripsband in Weiß, 2,5 cm breit, 240 cm (bis Gr. 40)/ 270 cm (ab Gr. 42)
* Gummiband in Weiß, 1 cm breit, 85 cm (bis Gr. 40)/ 95 cm (ab Gr. 42)

SCHNITTMUSTERBOGEN 1A

NAHTZUGABEN

Nähte und Kanten: 1 cm
Saum: 2 cm

ZUSCHNITT

STOFF 1

[1] Vorderteil 1x
[2] Rückteil 1x
[3] Rockteil 2x
[4] Vorderteilbeleg 1x
[5] Rückteilbeleg 1x
[6] vorderer Armlochbeleg 1x
[7] hinterer Armlochbeleg 1x

VLIESELINE

[4] Vorderteilbeleg 1x
[5] Rückteilbeleg 1x
[6] vorderer Armlochbeleg 1x
[7] hinterer Armlochbeleg 1x

6 Das Ripsband von links mittig auf die Taillennaht legen und rechts und links so aufsteppen, dass ein Tunnelzug entsteht. Dabei am Anfang und Ende (linke Seitenkante) 2 cm nicht nähen. Anschließend beide Kleidteile wieder r-a-r aufeinanderlegen und an der linken Seitenkante zusammennähen, ohne das Ripsband mit festzunähen. Die NZG auseinanderbügeln.

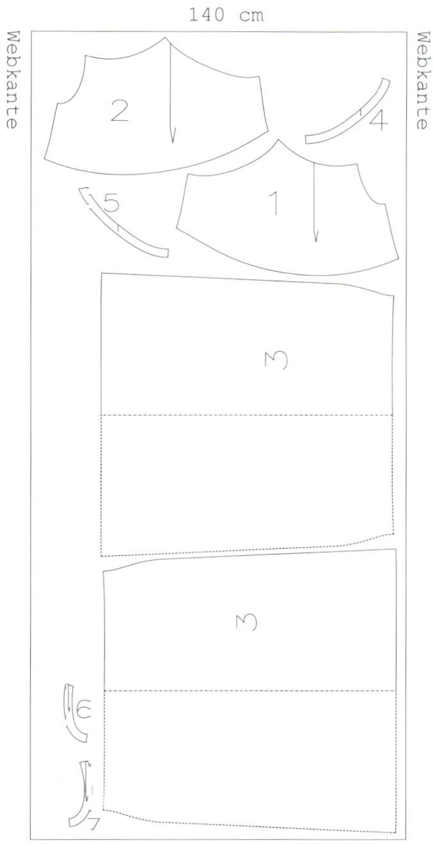

7 Das Gummiband auf die gewünschte Taillenweite abmessen, 2 cm NZG dazugeben und zuschneiden. Das Gummi mit einer Sicherheitsnadel in den Tunnel einziehen, die Enden 1 cm überlappen lassen und mit Zickzackstich zusammennähen. Von innen das noch lose Ripsband von Hand festnähen.

8 Beide Kleidteile an den Schultern r-a-r bündig aufeinanderlegen und zusammennähen. Dabei darauf achten, dass der Heftfaden von außen nicht sichtbar ist. Die NZG auseinanderbügeln, damit die Naht schön flach liegt.

9 Jeweils beide Hals- und Armlochbelege an den Schultern und am Armloch zusammennähen und die NZG auseinanderbügeln. Die Außenkante der Belege jeweils versäubern. Den Halslochbeleg r-a-r so auf den Ausschnitt legen, dass Schulternaht auf Schulternaht und Seitennaht auf Seitennaht liegen, und annähen. Die Belege nach innen umklappen und die Kante bügeln. Dabei darauf achten, dass die Belege von außen nicht sichtbar sind. Den Armlochbeleg auf dieselbe Weise an das Armloch annähen. Dabei darauf achten, dass der vordere Armlochbeleg r-a-r auf dem Vorderteil liegt. Den Ausschnitt und das Armloch 5 mm breit absteppen.

10 1 cm Saumzugabe zur Stoffrückseite umfalten, bügeln, nochmals 1 cm umklappen und ebenfalls bügeln. Feststecken und den Saum knappkantig von links feststeppen.

Ein besonders beliebtes Souvenir aus Schweden sind die Straßenschilder, die vor querenden Elchen warnen. Jedes Jahr werden Dutzende solcher Schilder von den schwedischen Straßen gestohlen.

Seit 2004 können Schweden ihre Steuern per SMS bezahlen.

Stockholm

FLÄCHE	447.435 km^2
EINWOHNERZAHL	9.875.378
BEVÖLKERUNGSDICHTE	22 Einwohner pro km^2

SCHWEDEN

ANLEITUNG

1 Die Schulterpasse und das Vorderteil an den Schultern r-a-r aufeinanderlegen und mit einem elastischen Stich (z.B. einem klein eingestellten Zickzackstich) zusammennähen. Die rückwärtige Kante der Schulterpasse r-a-r auf das Rückteil legen und auf die gleiche Weise nähen.

2 Die Ärmel mit den Oberkanten jeweils r-a-r so auf die Ärmelkanten des Vorder- und Rückteils legen, dass die Mittelmarkierung der Ärmel auf die Markierung der Schulterpasse trifft. Die Ärmel annähen. Die Säume der Ärmel, des Vorder- und Rückteils sowie das Halsloch versäubern.

3 Das Vorder- und Rückteil r-a-r aufeinanderlegen, dabei die Ärmel der Länge nach falten. Die Seitenkanten des Kleides und der Ärmel in einem Zug mit dem Zickzackstich zusammennähen.

4 Die Ärmelsäume und den Kleidersaum jeweils 1,5 cm nach links umbügeln und mit einem elastischen Stich (z.B. Zickzackstich) von links absteppen. Das Halsloch 1 cm nach links umbügeln und ebenfalls mit einem elastischen Stich von links absteppen.

SCHWIERIGKEITSGRAD 1

GRÖSSE

34–46

MATERIAL

* Stoff 1: Jersey in Schwarz-Weiß gemustert,
  150 cm x 140 cm (bis Gr. 40)/
  200 cm x 140 cm (ab Gr. 42)
* Stoff 2: Köperstoff in Senfgelb, 50 cm x 140 cm (für alle Größen)
* Nähgarn in Weiß

SCHNITTMUSTERBOGEN 1A

NAHTZUGABEN

Nähte und Kanten: 1 cm
Saum und Ärmelsäume: 1,5 cm

ZUSCHNITT

STOFF 1

[1] Vorderteil 1x
[2] Rückteil 1x
[3] Ärmel 2x
[4] Schulterpasse 1x

STOFF 2

[5] Gürtel vorn 2x
[6] Gürtel Mitte 4x
[7] Gürtel Ende 4x

5 Dann jeweils 3 Gürtelschnittteile r-a-r zu einem Gürtelteil aneinandernähen: Dafür ein vorderes an jeweils ein mittleres und ein mittleres an ein Gürtelendteil nähen. Die anderen 3 Gürtelschnittteile ebenso aneinandernähen.

6 Beide Gürtelteile r-a-r aufeinanderlegen und rundherum zusammennähen. Dabei an einer Stelle eine ca. 10 cm große Öffnung zum Wenden lassen.

7 Den Gürtel auf rechts wenden, bügeln und die Öffnung von Hand schließen.

SCHWEDEN

Größe 34-40

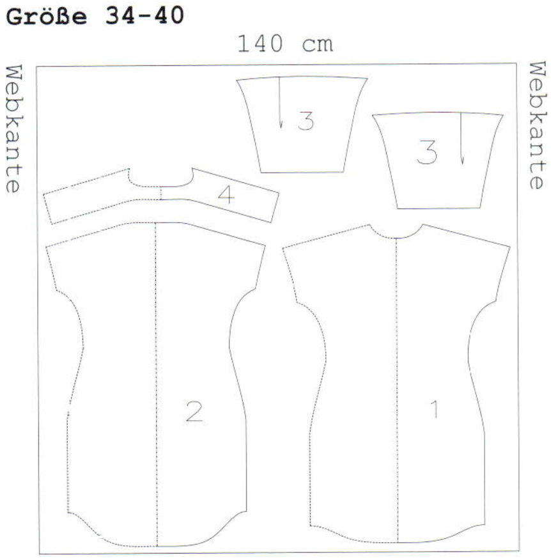

Größe 42-46

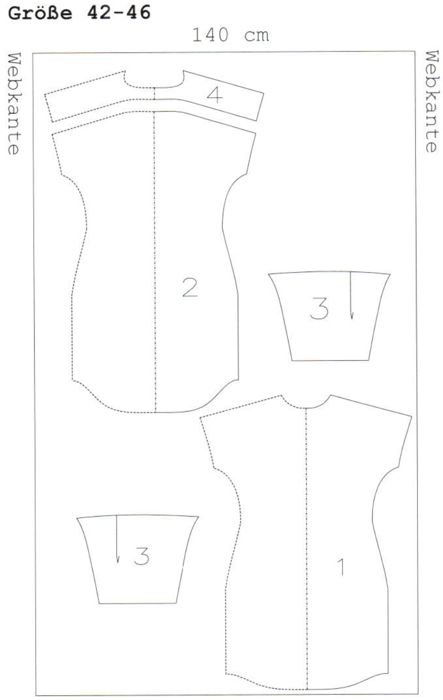

Größe 34-46

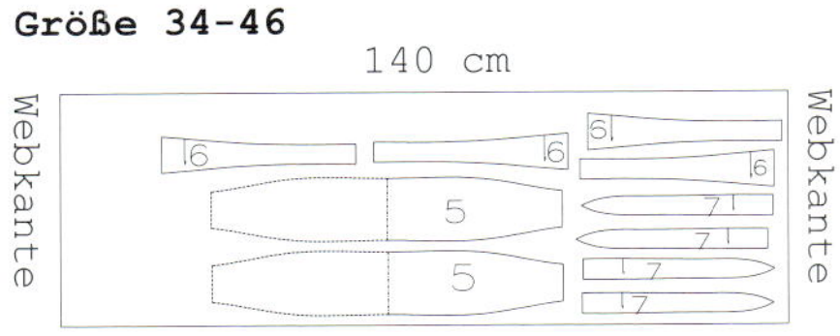

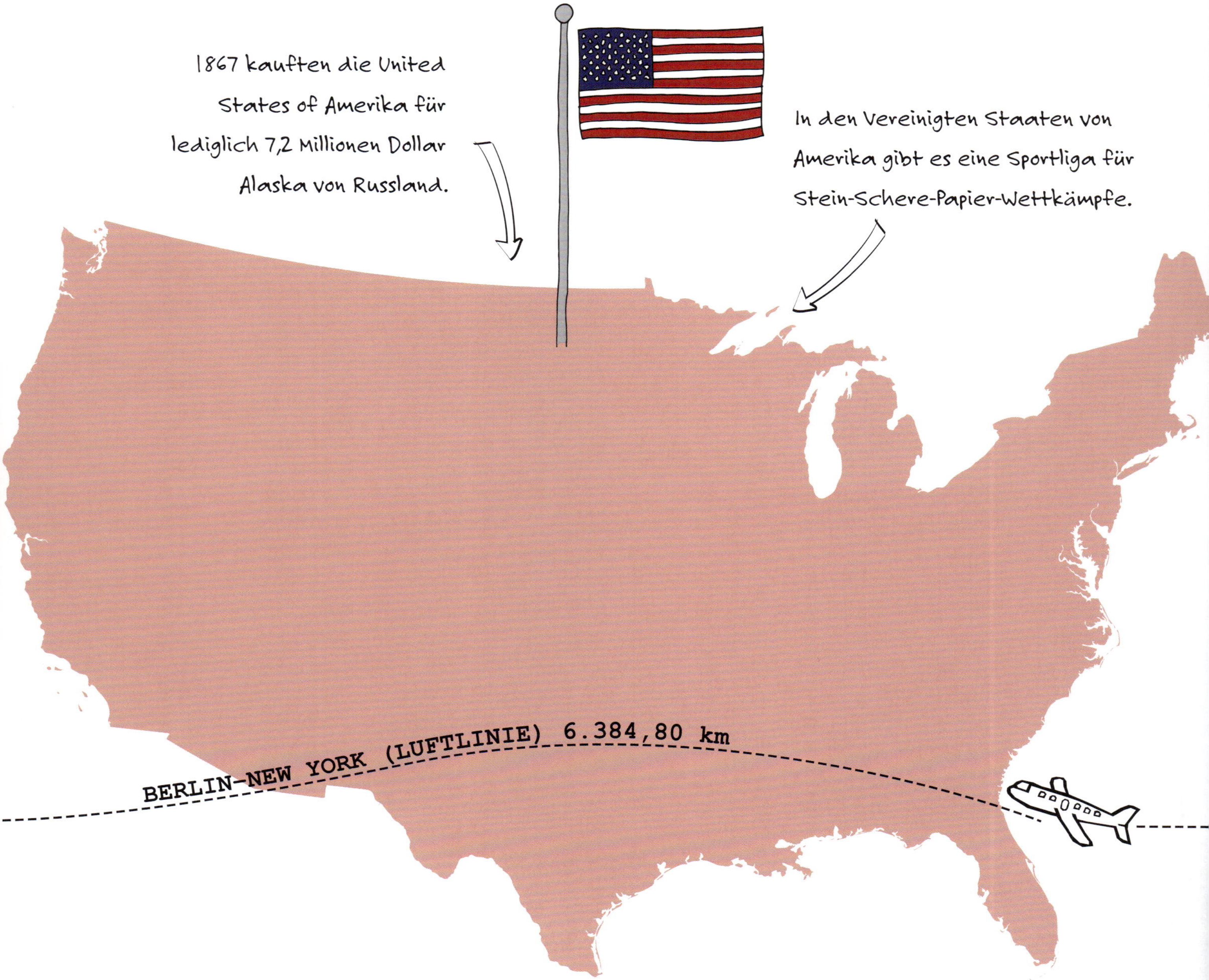

New York

FLÄCHE	9.826.675 km²
EINWOHNERZAHL	322.262.226
BEVÖLKERUNGSDICHTE	33 Einwohner pro km²

AMERIKA

SCHWIERIGKEITSGRAD 3

GRÖSSE

34–46

MATERIAL

- Stoff 1: Baumwollstoff in Hellblau, 230 cm x 140 cm (für alle Größen)
- Vlieseline, 20 cm x 140 cm (für alle Größen)
- Farblich passendes Nähgarn

SCHNITTMUSTERBOGEN 1B

NAHTZUGABEN

Nähte und Kanten: 1 cm
Saum: 2 cm

ZUSCHNITT

STOFF 1

[1] Vorderteil 2x
[2] Rückteil 1x
[3] Vorderteilrock 1x
[4] Rückteilrock 1x
[5] Ärmel 2x
[6] Manschette 2x
[7] Unterkragen 1x
[8] Oberkragen 1x
[9] Kragensteg 2x
[10] Schulterpasse 2x

VLIESELINE

Manschetten-Längshälfte 2x
[7] Unterkragen 1x
[8] Oberkragen 1x
[9] Kragensteg 2x

ANLEITUNG

1 Jeweils eine Längshälfte der Manschetten sowie die Schnittteile 7–9 mit Vlieseline verstärken.

2 Die äußere Schulterpasse r-a-r auf das Rückteil legen, dann die innere Passe r-a-l auf das Rückteil legen. Alle drei Lagen aufeinanderstecken und zusammennähen. Die NZG abgestuft zurückschneiden und dabei bei der Passe breiter lassen. Die beiden Schulterpassen nach oben bügeln. Die Schulterpassen liegen nun l-a-l. Die beiden Lagen an Schultern, Armlöchern und Halsloch zusammennähen.

3 Beide Vorderteile r-a-r auf das Rückteil legen und an den Schultern und Seitenkanten zusammennähen. Die NZG zusammen versäubern und anschließend in eine Richtung bügeln.

4 Die Knopfleiste des rechten und linken Vorderteils jeweils an der Vorderkante 1 cm nach links umbügeln und danach gemäß der Knopfleistenmarkierung l-a-l einen Bruch einbügeln. Dabei darauf achten, dass die rechte Stoffseite nach außen liegt. Die umgebügelte Kante am Bruch wieder zurückklappen und die obere Ecke der Knopfleiste bis zur Markierung der vorderen Mitte verstürzen. Die NZG an dieser Stelle bis kurz vor die Naht einschneiden und die kleine Ecke nach außen wenden. Die Knopfleiste an der umgebügelten Kante l-a-l auf das Vorderteil aufsteppen.

5 In die rechte Knopfleiste gemäß Markierung die Knopflöcher längs einnähen. Auf die linke Knopfleiste die Knöpfe entsprechend annähen. Dann die Knopfleiste komplett zuknöpfen und am Saum in der vorderen Mitte zusammennähen.

6 Die Falten wie im Schnitt eingezeichnet jeweils in den Vorder- und Hinterrock legen und heften. Beide Rockteile r-a-r bündig aufeinanderlegen und an den Seitenkanten zusammennähen. Die NZG versäubern. Das Schößchen r-a-r auf das Oberteil legen, dabei die Seitennähte sowie die vordere und hintere Mitte aufeinander abstimmen (siehe Grundanleitung Seite 81). Das Schößchen annähen. Den Schößchensaum 1 cm nach links umbügeln und nochmals 1 cm umbügeln. Feststecken und von links absteppen.

7 Die Kragenteile r-a-r legen. Die Außenkanten feststecken und aufeinandersteppen, dabei bleibt die Ansatzlinie offen. Die NZG an den Ecken zurückschneiden. Die NZG auseinanderbügeln. Den Kragen wenden und die Ecken mithilfe eines Kantenformers vorsichtig nach außen drücken. Dann die Kante flach bügeln, dabei darauf achten, dass die Naht auf der Unterseite dicht neben dem Bruch liegt, sodass sie von rechts nicht sichtbar ist.

8 Die Stegteile r-a-r legen und den Kragen zwischen den Passzeichen einschieben. Die Stegteile bis an die Ansatzlinie aufeinandersteppen. Die NZG zurückschneiden und an den Ecken

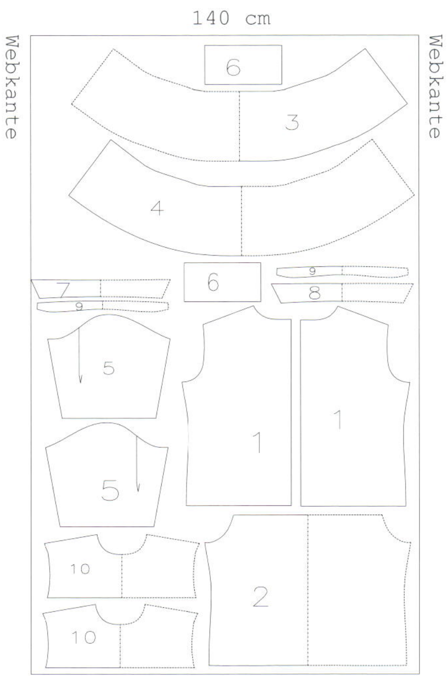

abschrägen. Bei der Unterseite des Stegs die NZG der Ansatzkante umbügeln. Den Steg wenden, dann die Oberseite r-a-r an den Halsausschnitt stecken und annähen. Die Unterseite des Stegs nach oben klappen, die NZG in den Kragen bügeln. Die eingeschlagene Kante des unteren Stegs innen über der Ansatznaht feststecken und von rechts absteppen, dabei alle Kanten mitfassen.

9 Die Falten der Ärmel jeweils wie im Schnitt eingezeichnet legen und heften. Die Ärmel an den Seitenkanten r-a-r aufeinanderlegen und zusammennähen. Die NZG jeweils zusammen versäubern und in eine Richtung bügeln.

10 Die NZG an der Längskante der Manschetten 1 cm umbügeln. Die Manschetten gemäß Bruchmarkierung l-a-l umbügeln und wieder aufklappen. Die Manschetten jeweils r-a-r legen, dabei steht die obere NZG der verstärkten Seite über. Die schmalen Kanten zusammenstecken und aufeinandersteppen. Die NZG an den Ecken zurückschneiden und die Manschetten auf rechts wenden. Die verstärkte Seite der Manschetten r-a-r kantenbündig auf die untere Ärmelkante stecken und festnähen. Die Manschetten umklappen und die NZG in die Manschette bügeln, dann die eingeschlagene Kante an der Ansatznaht feststecken. Zum Schluss die Kanten rundherum von rechts schmalkantig absteppen.

11 Die Ärmel jeweils r-a-r in das Armloch einpassen, die linke Seite des Kleidungsstücks ist außen. Die Markierungen des Ärmels und des Vorder- und Rückteils aufeinander abstimmen. Die Ärmel feststecken, heften und einnähen. Die NZG der Ärmeleinsatznaht je zusammen versäubern und in Richtung Ärmel bügeln.

Europa und Afrika liegen an der Straße vom Gibraltar nur 14,3 Kilometer voneinander entfernt.

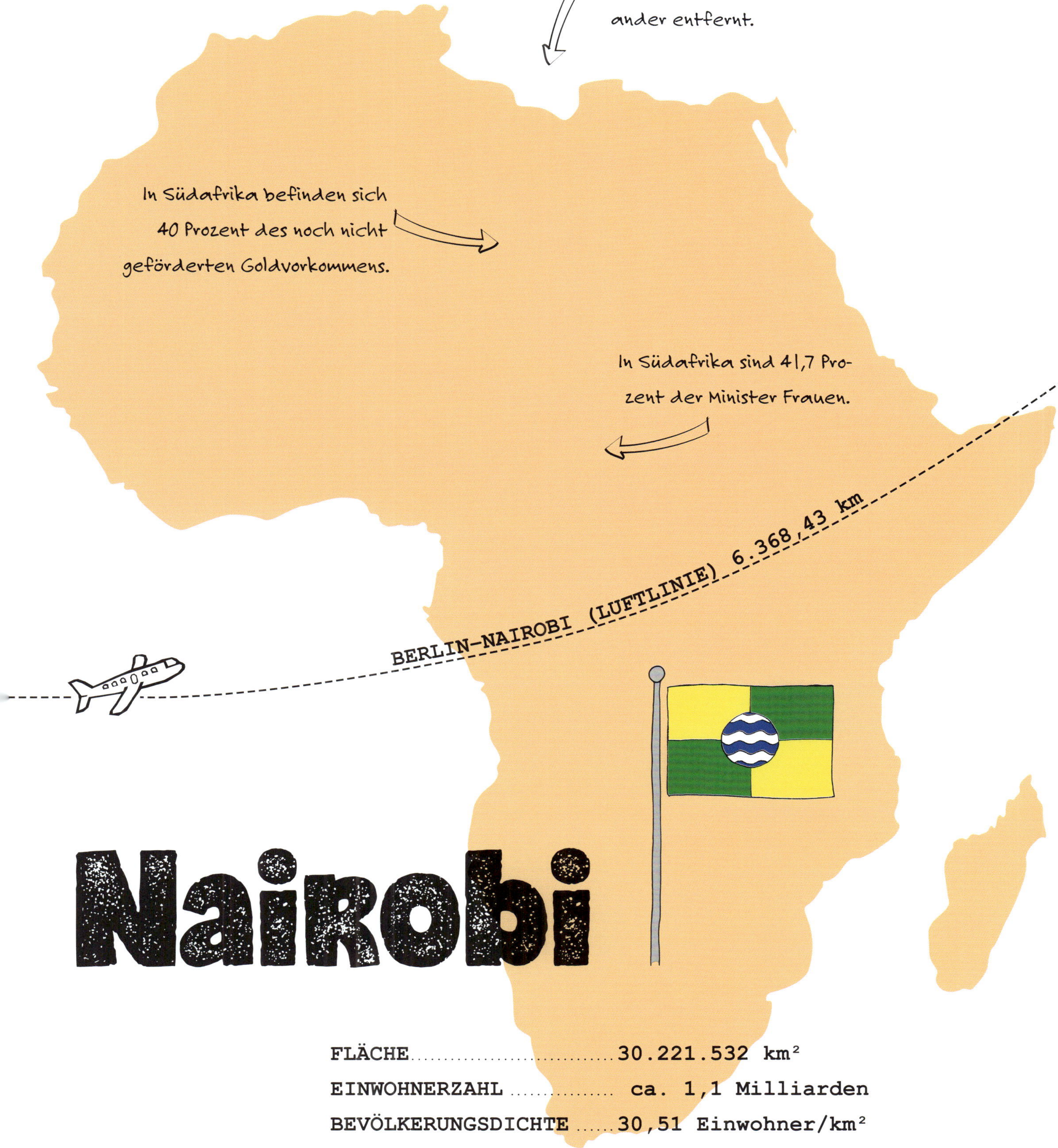

In Südafrika befinden sich 40 Prozent des noch nicht geförderten Goldvorkommens.

In Südafrika sind 41,7 Prozent der Minister Frauen.

Nairobi

FLÄCHE .... 30.221.532 km²

EINWOHNERZAHL .... ca. 1,1 Milliarden

BEVÖLKERUNGSDICHTE ...... 30,51 Einwohner/km²

ANLEITUNG

1 Die Schnittteile 10–12 mit Vlieseline verstärken. Die Schnittteile 1–6 an den Längskanten versäubern.

2 Jeweils ein seitliches Vorderteil r-a-r auf ein mittleres Vorderteil legen und zusammennähen, dabei die Markierungen aufeinander abstimmen (siehe Grundanleitung Seit 81). Die seitlichen Rückteile auf die gleiche Weise an die mittleren Rückteile nähen. Die mittleren Vorderteile r-a-r aufeinanderlegen und in der vorderen Mitte von der Unterkante (Taille) bis zur Ausschnittmarkierung zusammennähen. Das Ende gut verriegeln. Das Vorder- und Rückteil r-a-r aufeinanderlegen und an den Seitenkanten zusammennähen. Anschließend alle geschlossenen NZG auseinanderbügeln.

3 Die Abnäher des Rockteils vorn und der beiden Rockteile hinten gemäß Markierung nähen und in Richtung vordere bzw. hintere Mitte bügeln. Beide hinteren Rockteile an den Seitenkanten r-a-r auf das vordere Rockteil legen und zusammennähen. Danach die NZG auseinanderbügeln.

SCHWIERIGKEITSGRAD 3

GRÖSSE

34–46

MATERIAL

* Stoff 1: Baumwollstoff in Orange mit Ethnomuster, 180 cm x 140 cm (bis Gr. 40)/ 200 cm x 140 cm (ab 42)
* Vlieseline, 30 cm
* Farblich passendes Nähgarn
* Nahtverdeckter Reißverschluss in Orange, 60 cm

SCHNITTMUSTERBOGEN 1B

NAHTZUGABEN

Nähte und Kanten: 1 cm
Saum: 2 cm
Ärmelsaum: 1,5 cm

ZUSCHNITT

Zuschneideplan Seite 23

STOFF 1

[1] Vorderteil Mitte 2x
[2] Vorderteil Seite 2x
[3] Rückteil Mitte 2x
[4] Rückteil Seite 2x
[5] Rockteil vorn 1x
[6] Rockteil hinten 2x
[7] Ärmel 2x
[8] Schösschen vorn 2x
[9] Schösschen hinten 4x
[10] Vorderteilbeleg 2x
[11] Rückteilbeleg 2x
[12] Armlochbeleg 2x

VLIESELINE

[10] Vorderteilbeleg 2x
[11] Rückteilbeleg 2x
[12] Armlochbeleg 2x

AFRIKA

4 Das Schößchen wird doppelt gearbeitet. Dafür 2 hintere Schößchen jeweils an den Seitenkanten r-a-r auf ein vorderes Schößchen legen und zusammennähen. Die NZG auseinanderbügeln. Das zweite Schößchen ebenso arbeiten. Beide zusammengenähten Schößchen r-a-r aufeinanderlegen, dabei jeweils die Seitenkanten und die vordere Mitte aufeinander abstimmen. Die lange untere Schößchenkante sowie die rechte und linke hintere Kante zusammennähen. Die NZG an den Rundungen auf 5 mm NZG zurückschneiden, damit sie sich später besser legen. Das Schößchen auf rechts wenden. Zum Schluss die Saumkante und die hintere Kante des Schößchens bügeln.

5 Das Schößchen r-a-r an die Oberkante des Rockteils legen. Das Schößchen von der vorderen Mitte aus Stück für Stück mit Stecknadeln an den Rock stecken, dabei die Seitennähte jeweils genau aufeinanderlegen. Das Schößchen endet im rückwärtigen Rockteil genau an der Schnittmarkierung, etwas vor der Naht. Das Schößchen mit der Hand an das Rockteil heften und dabei die Nadeln entfernen. Anschließend das Schößchen an das Rockteil annähen.

6 Die Unterkante des Oberteils r-a-r auf das Schößchen mit dem Rock legen und in der gleichen Weise annähen wie beim Rockteil mit Schößchen beschrieben. Beim Annähen des Oberteils darauf achten, knapp neben der gerade genähten Naht zu nähen. Dann ist die Naht von außen nicht zu sehen.

7 Das Vorder- und Rückteil an den Schultern r-a-r aufeinanderlegen und zusammennähen. Die NZG sorgfältig auseinanderbügeln.

8 Die Ärmelsäume jeweils versäubern und 1,5 cm nach links umbügeln. Den Saum absteppen. Die Ärmel jeweils an den Seitenkanten r-a-r aufeinanderlegen und zusammennähen. Die NZG versäubern und in Richtung rückwärtigen Ärmel bügeln. Die Ärmel r-a-r in die Armlöcher einpassen (Markierung auf Markierung), dabei die Weite einhalten, sodass keine Falten entstehen. Die Ärmel einnähen. Die NZG versäubern und Richtung Körper bügeln.

9 Die Außenkante der Armlochbelege ebenfalls versäubern. Die Armlochbelege jeweils r-a-r auf den unteren Ärmelbereich legen und absteppen. Den Armlochbeleg nach innen wenden, sodass der Beleg von außen nicht mehr sichtbar ist. Das Armloch bügeln.

Größe 34-40

Größe 42-46

10 Die Rückteile an der hinteren Mitte r-a-r aufeinanderlegen und vom Saum bis zur Reißverschlussmarkierung zusammennähen. Die NZG auseinanderbügeln. Den nahtverdeckten Reißverschluss einnähen (siehe Grundanleitung Seite 93).

11 Die vorderen Halslochbelege an der vorderen Mitte r-a-r aufeinanderlegen und zusammennähen. Dabei von unten beginnen und an der Markierung für den Ausschnitt enden. Den vorderen und hinteren Halslochbeleg an den Schultern r-a-r aufeinanderlegen und zusammennähen. Die Außenkante des Halslochbeleges versäubern. Den Halslochbeleg r-a-r auf das Oberteil legen, dabei die vordere Mitte, die Schulternaht und die hintere Kante aufeinander abstimmen (siehe Grundanleitung 81). Den Halslochbeleg an das Oberteil nähen und nach innen wenden, sodass der Beleg von außen nicht mehr sichtbar ist. Die Halslochkante bügeln. Den Halslochbeleg an der hinteren Kante von Hand an den Reißverschluss nähen.

12 Den Saum versäubern und 2 cm nach links umbügeln. Anschließend den Saum absteppen.

In Frankreich werden pro Jahr über 180 Millionen Flaschen Champagner konsumiert.

Nach dem französischen Gesetz ist es verboten, ein Schwein „Napoleon" zu nennen.

Die meistbesuchte Sehenswürdigkeit in Paris sind nicht der Eiffelturm oder der Louvre, sondern Disneyland.

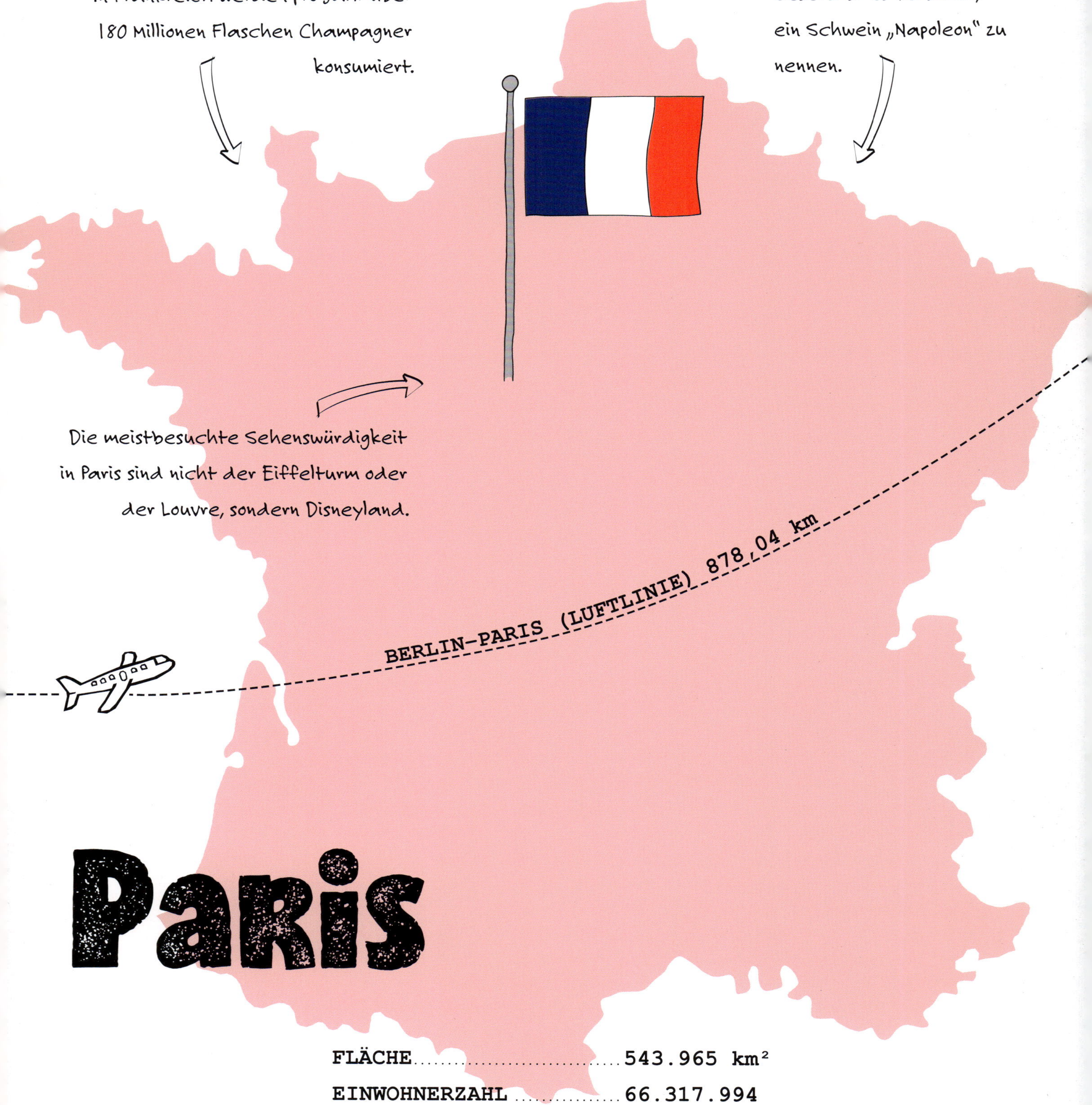

Paris

FLÄCHE	543.965 km²
EINWOHNERZAHL	66.317.994
BEVÖLKERUNGSDICHTE	103 Einwohner pro km²

FRANKREICH

ANLEITUNG

1 Die Belege jeweils mit Vlieseline verstärken.

2 Die Schultern und Seitenkanten des Vorderteils und beider Rückteile sowie die hintere Mitte der Rückteile versäubern.

3 Die Rückteile r-a-r an der hinteren Mitte aufeinanderlegen und von der Unterkante bis zur Schlitzmarkierung zusammennähen. Das Vorderteil r-a-r auf das Rückteil legen und an den Schultern und Seitenkanten zusammennähen. Den Kleidersaum zweimal 1 cm nach links umbügeln und absteppen.

4 Beide Rückteilbelege r-a-r an der hinteren Mitte aufeinanderlegen und von der unteren Kante bis zur Schlitzmarkierung zusammennähen. Den Rückteil- und den Vorderteilbeleg r-a-r an den Schultern aufeinanderlegen und zusammennähen. Die NZG auseinanderbügeln. Den Beleg r-a-r auf das Halsloch legen und an den Schultern und der vorderen Mitte aufeinanderstecken. Das Halsloch und entlang des Schlitzes in der hinteren Mitte verstürzen, dabei genau auf den Endpunkt des Schlitzes nähen. Die NZG an den Rundungen zurückschneiden, damit sie sich besser legen. Den Beleg nach innen wenden und die Ecken am Schlitz ausformen. Die Kante bügeln und den Beleg an der Schulternaht von Hand festheften, damit er nicht herausschaut.

5 Das Band zu einer kleinen Schlinge legen und an die linke Seite des Rückteilschlitzes von Hand an-

SCHWIERIGKEITSGRAD 2

GRÖSSE

34–46

MATERIAL

* Stoff 1: Polyesterstoff (mit Stand) in Bunt quergestreift, 250 cm x 140 cm (für alle Größen, mind. 2x Musterlänge)
* Vlieseline, 30 cm
* Farblich passendes Nähgarn
* Satinband in Rosa, 5 mm breit, 10 cm
* Kleiner Knopf in Weiß, ø 10 mm

SCHNITTMUSTERBOGEN 1A

NAHTZUGABEN

Nähte und Kanten: 1 cm
Saum und Ärmelsaum: 2 cm

ZUSCHNITT

STOFF 1

[1] Vorderteil 1x
[2] Rückteil 2x
[3] Ärmel 2x
[4] Vorderteilbeleg 1x
[5] Rückteilbeleg 2x

VLIESELINE

[4] Vorderteilbeleg 1x
[5] Rückteilbeleg 2x

nähen. Den Knopf entsprechend an die gegenüberliegende Seite annähen.

6 Die Ärmelsäume versäubern und 2 cm nach links umbügeln. Den Saum absteppen. Die Ärmel jeweils an den Seitenkanten r-a-r aufeinanderlegen und zusammennähen. Die NZG versäubern und in Richtung rückwärtigen Ärmel bügeln. Die Ärmel r-a-r in die Armlöcher einpassen (Markierung auf Markierung), dabei die Weite einhalten, sodass keine Falten entstehen. Die Ärmel einnähen. Die NZG versäubern und Richtung Körper bügeln.

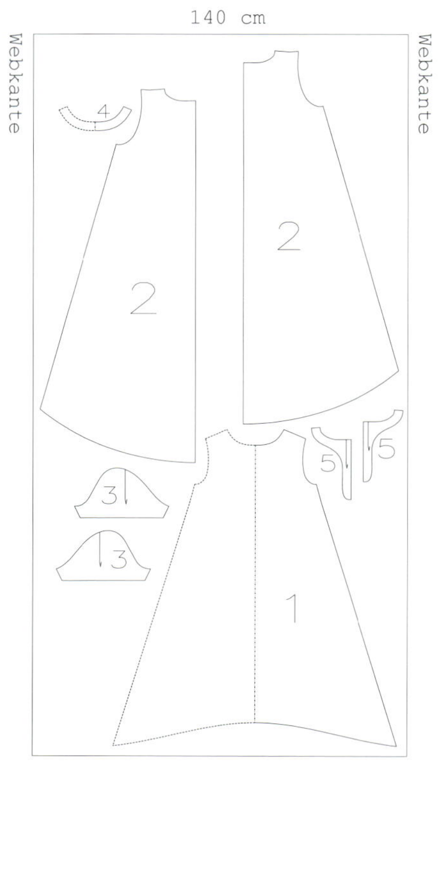

Sydney

1979 stürzten Teile der NASA-Raumstation „Skylab" über Esperance in Western Australia ab. Die Stadt stellte der NASA 400 Dollar für Umweltverschmutzung in Rechnung.

Seit 1979 ist niemand mehr an einem Spinnenbiss gestorben.

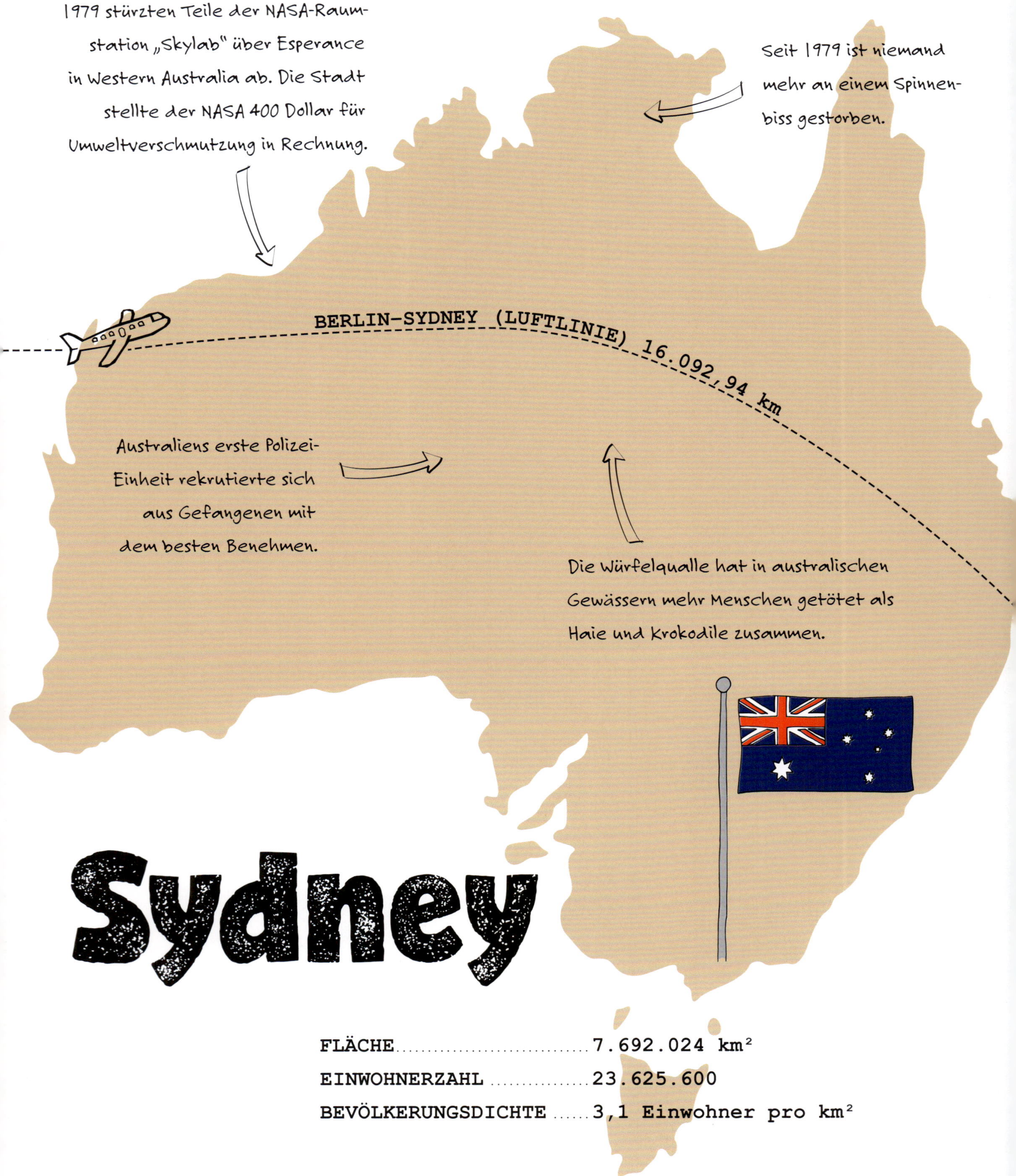

Australiens erste Polizei-Einheit rekrutierte sich aus Gefangenen mit dem besten Benehmen.

Die Würfelqualle hat in australischen Gewässern mehr Menschen getötet als Haie und Krokodile zusammen.

FLÄCHE	7.692.024 km²
EINWOHNERZAHL	23.625.600
BEVÖLKERUNGSDICHTE	3,1 Einwohner pro km²

AUSTRALIEN

SCHWIERIGKEITSGRAD 2

GRÖSSE

34-46

MATERIAL

* Stoff 1: Polyesterstoff in Weiß-Grau quergestreift, 150 cm x 140 cm (für alle Größen)
* Farblich passendes Nähgarn
* Nahtverdeckter Reißverschluss in Weiß, 26 cm
* Anstecknadel

SCHNITTMUSTERBOGEN 1B

NAHTZUGABEN

Nähte und Kanten: 1 cm
Saum: 1 cm

ZUSCHNITT

STOFF 1

[1] Vorderteil Mitte 2x
[2] Vorderteil Seite 4x
[3] Rückteil Mitte 4x
[4] Rückteil Seite 4x
[5] Rockteil vorn 1x
[6] Rockteil hinten 2x
[7] Träger 2x
[8] Schleife 1x
[9] Schleifenmitte 1x

ANLEITUNG

1 Das Oberteil wird doppelt gearbeitet: Für ein Oberteil 2 vordere Seitenteile jeweils r-a-r an eine Seitenkante eines mittleren Vorderteils legen und zusammennähen. Die NZG jeweils Richtung vordere Mitte bügeln. 2 hintere Seitenteile jeweils r-a-r an eine Seitenkante eines mittleren Rückteils legen und zusammennähen. Die NZG je Richtung hintere Mitte bügeln. Dann das Vorderteil r-a-r auf das Rückteil legen und an den Seitenkanten zusammennähen. Die NZG auseinanderbügeln. Das zweite Oberteil ebenso arbeiten. Ein Oberteil beiseitelegen. Es wird später als inneres Oberteil verwendet.

2 Die Seitenkanten der Vorder- und Rückteile und die hintere Mitte der hinteren Rockteile versäubern. Die Falten wie im Schnitt eingezeichnet in die Rockteile einlegen und heften. Die hinteren Rockteile r-a-r auf das vordere Rockteil legen und an den Seitenkanten zusammennähen. An der hinteren Mitte die Naht vom Saum bis zur Reißverschluss-Markierung sorgfältig schließen und die NZG auseinanderbügeln.

3 Die Oberkante des Rocks r-a-r an die Unterkante des äußeren Oberteils legen und an den Seitennähten und der vorderen Mitte aufeinanderstecken. Beide Teile zusammennähen und die NZG Richtung Oberteil bügeln.

4 Den nahtverdeckten Reißverschluss in die hintere Mitte einnähen (siehe Grundanleitung Seite 93).

5 Die Träger jeweils der Länge nach r-a-r aufeinanderlegen und an der langen Kante zusammennähen. Danach die Träger wenden und bügeln. Die NZG an einem Trägerende 1 cm nach innen einschlagen und absteppen. Das andere Trägerende offen lassen.

6 Das beiseitegelegte innere Oberteil an der Unterkante versäubern. Die Träger mit der offenen Trägerkante r-a-r auf die Schultern des inneren Oberteils legen und annähen. Das innere Oberteil r-a-r auf das äußere Oberteil legen und an der Oberkante aufeinanderstecken. Beide Teile zusammennähen. Die NZG im Bereich des Arm- und Halslochs zurückschneiden, dann legen sie sich später besser in die Rundungen. Das innere Oberteil nach innen wenden, die NZG an der Oberkante kantig ausrichten und bügeln. Die Oberkante schmal absteppen. Das innere Oberteil von Hand an den Reißverschluss heften. Das innere Oberteil in der Taillennaht auf das äußere Oberteil steppen.

7 Die Träger im Rücken nach Belieben über Kreuz oder gerade annähen. Die Länge der Träger dabei individuell anpassen.

8 Die Schleife der Länge nach r-a-r mittig aufeinanderlegen und zusammennähen, dabei mittig eine 5 cm große Öffnung zum Wenden lassen. Die Schleife so falten, dass die NZG in der Mitte liegt. Die kurzen Seitenkanten zusammennähen. Die Schleife auf rechts wenden und die Öffnung von Hand schließen.

9 Die Schleifenmitte ebenfalls der Länge nach r-a-r mittig aufeinanderlegen und zusammennähen. Das Schnittteil auf rechts wenden und bügeln. Die Schleife drapieren. Die Schleifenmitte um die Mitte der Schleife herumlegen und auf der Rückseite von Hand festnähen. Die Anstecknadel an die Rückseite der Schleife nähen und die Schleife nach Belieben am Kleid befestigen.

10 Zum Schluss den Rocksaum versäubern, 1 cm nach links umbügeln und sauber absteppen.

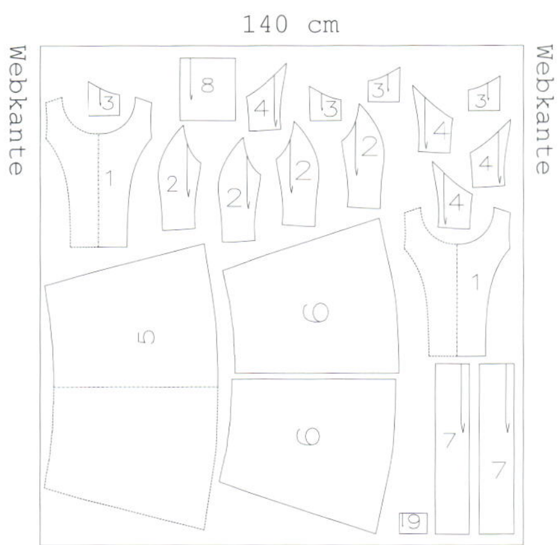

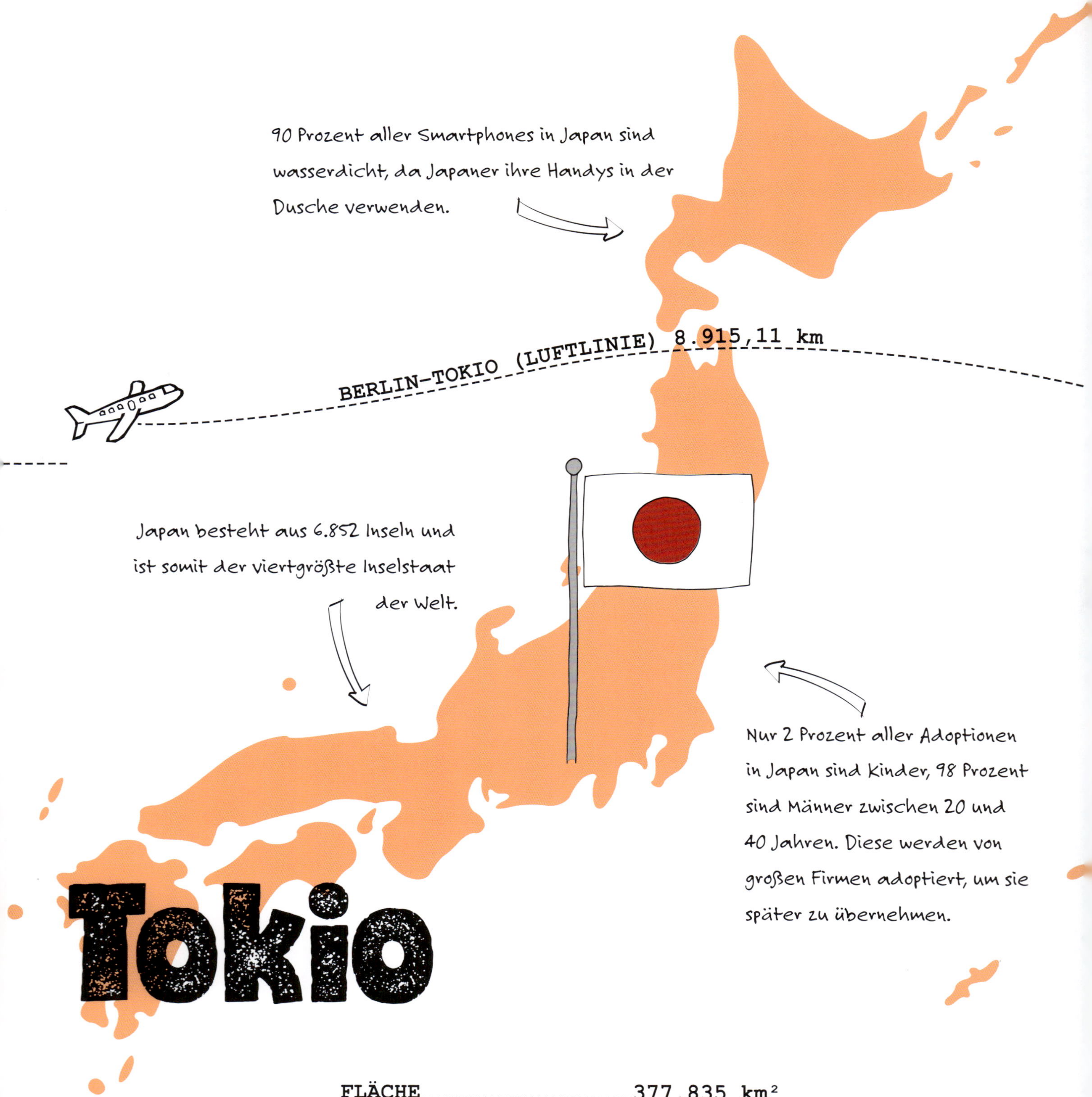

90 Prozent aller Smartphones in Japan sind wasserdicht, da Japaner ihre Handys in der Dusche verwenden.

Japan besteht aus 6.852 Inseln und ist somit der viertgrößte Inselstaat der Welt.

Nur 2 Prozent aller Adoptionen in Japan sind Kinder, 98 Prozent sind Männer zwischen 20 und 40 Jahren. Diese werden von großen Firmen adoptiert, um sie später zu übernehmen.

Tokio

FLÄCHE .... 377.835 km²

EINWOHNERZAHL 126.659.683

BEVÖLKERUNGSDICHTE ...... 337,08 Einwohner pro km²

JAPAN

ANLEITUNG

1 Den Halslochbeleg vorn und hinten jeweils mit Vlieseline verstärken.

2 In das Vorder- und Rückteil jeweils rechts und links gemäß Markierung ein Knopfloch in der angegebenen Größe einnähen. Durch dieses Knopfloch wird später der Gürtel zum Binden gezogen.

3 Die Schultern und Seitenkanten des Vorder- und Rückteils versäubern. Das Vorder- und Rückteil r-a-r bündig aufeinanderlegen und an den Schultern sowie den Seitenkanten bis zum Beginn des Schlitzes zusammennähen. Die NZG auseinanderbügeln. Die NZG der Armausschnitte 1,5 cm nach links umbügeln und absteppen. Die NZG vom Saum 1,5 cm und die NZG der Saumschlitze 1 cm nach links umbügeln und rundum absteppen.

4 Beide Halslochbelege an den Schultern r-a-r aufeinanderlegen und zusammennähen. Die NZG auseinanderbügeln. Die Unterkante des Belegs versäubern. Den Beleg r-a-r auf das Halsloch legen und feststeppen. Den Beleg nach innen wenden, sodass die rechte Stoffseite sichtbar ist. Die Kante ausbügeln und noch einmal absteppen.

SCHWIERIGKEITSGRAD 1

GRÖSSE

34–46

MATERIAL

* Stoff 1: Japanischer Baumwollstoff in Beige, 280 cm x 140 cm (für alle Größen)
* Vlieseline, 30 cm
* Farblich passendes Nähgarn

SCHNITTMUSTERBOGEN 1A

NAHTZUGABEN

Nähte und Kanten: 1 cm
Saum und Ärmelsaum: 1,5 cm

ZUSCHNITT

STOFF 1

[1] Vorder- und Rückteil 2x
[2] Gürtel Mitte 1x
[3] Gürtel Ende 2x
[4] Halslochbeleg vorn 1x
[5] Halslochbeleg hinten 1x

VLIESELINE

[4] Halslochbeleg vorn 1x
[5] Halslochbeleg hinten 1x

JAPAN

5 Die äußeren Gürtelteile r-a-r an die kurzen Seitenkanten des mittleren Gürtelteils legen und zusammennähen. Den Gürtel der Länge nach r-a-r mittig falten und an der langen Kante zusammennähen, dabei eine ca. 15 cm große Öffnung zum Wenden lassen. Die beiden kurzen Seiten ebenfalls zusammennähen. Den Gürtel durch die Wendeöffnung auf rechts wenden und bügeln. Die Wendeöffnung von Hand schließen. Den Gürtel durch die Knopflöcher ziehen, zweimal um das Kleid wickeln und nach Belieben binden.

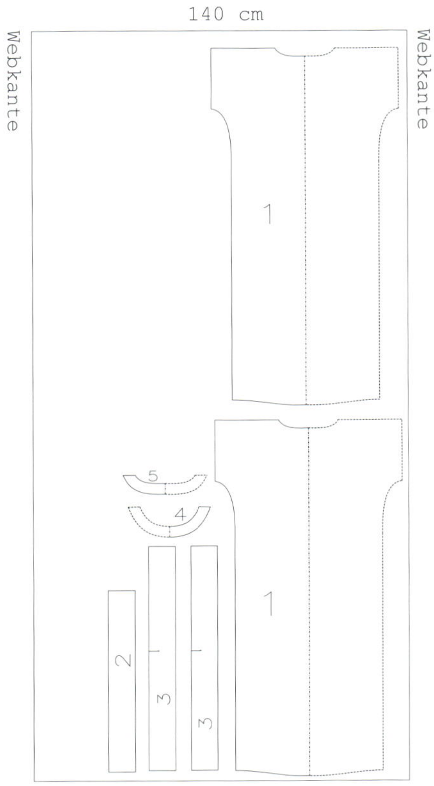

Ibiza

Lollis gibt es erst seit 1958 – erfunden vom Spanier Enric Bernat, dem Gründer der Firma Chupa Chups. Das blumige Logo der Lutschbonbons am Stiel entwarf übrigens Salvador Dali.

1.656 Rolltreppen, und damit die meisten in allen U-Bahn-Systemen weltweit, befinden sich in der spanischen Hauptstadt Madrid.

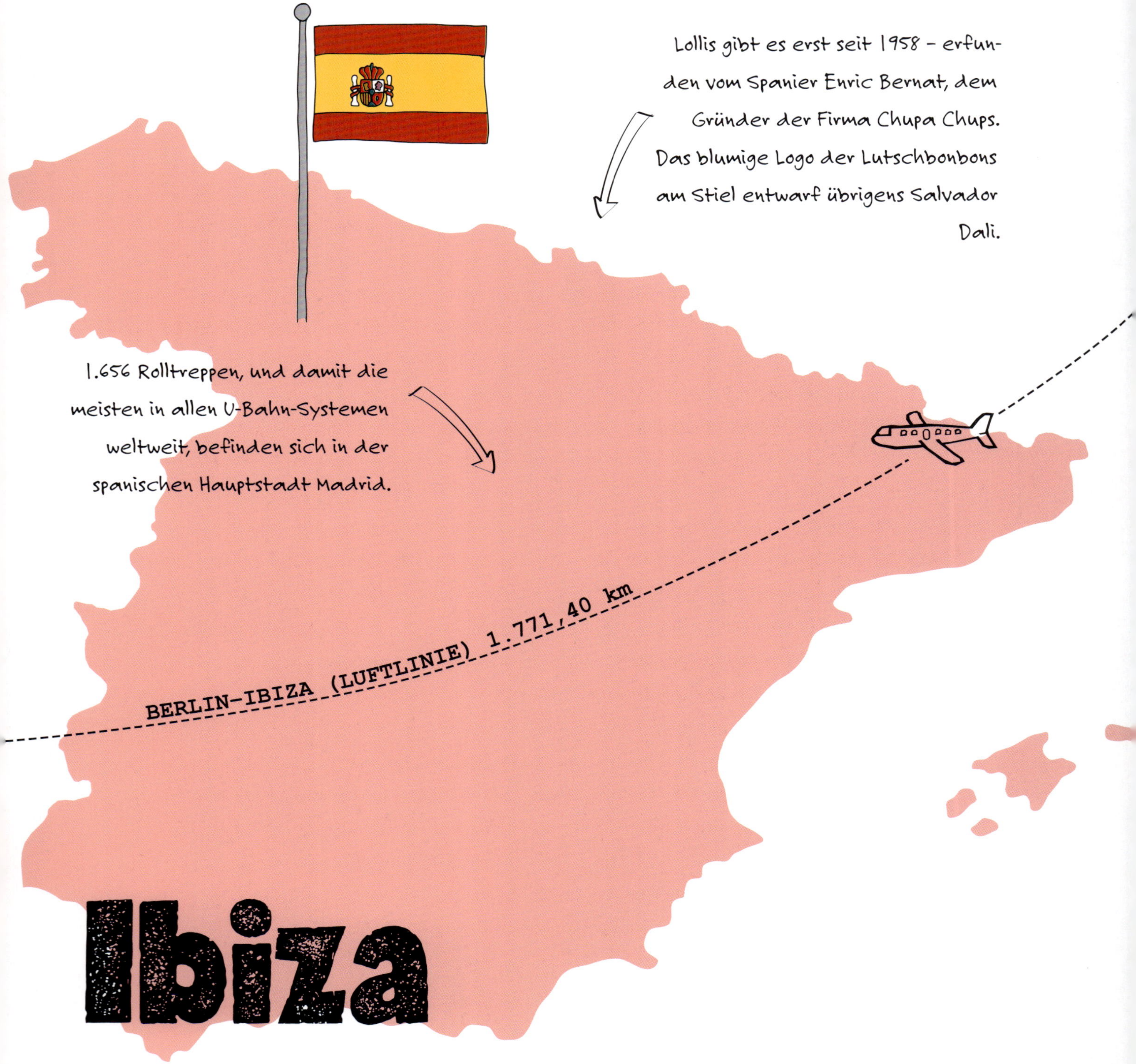

FLÄCHE	505.970 km²
EINWOHNERZAHL	46.439.864
BEVÖLKERUNGSDICHTE	92 Einwohner pro km²

SPANIEN

SCHWIERIGKEITSGRAD 2

GRÖSSE

34–46

MATERIAL

* Stoff 1: Batist in Braun-Dunkelrot gemustert, 260 cm x 140 cm (für alle Größen)
* Farblich passendes Nähgarn
* Nahtverdeckter Reißverschluss in Braun, 40 cm
* Vorgefalztes Einfassband in Dunkelrot, 250 cm

SCHNITTMUSTERBOGEN 2A

NAHTZUGABEN

Halsloch und Armloch: 0 cm
Nähte und Kanten: 1 cm
Saum: 2 cm

ZUSCHNITT

STOFF 1

[1] Vorderteil Mitte 2x

[2] Vorderteil Seite 4x

[3] Rückteil Seite 4x

[4] Rückteil Mitte 2x

[5] Rock vorn oben 1x

[6] Rock hinten oben 1x

Rechteck: 58 cm x 100/102/104/106/108/110/112 cm 2x

Rechteck: 37 cm x 70/72/74/76/78/80/82 cm 2x

ANLEITUNG

1 Jeweils 2 Rechtecke mit den oben genannten Maßen zuschneiden. Die NZG sind bereits inklusive.

2 Das Oberteil wird doppelt gearbeitet: Dafür 2 vordere Seitenteile jeweils r-a-r an eine Seitenkante eines Vorderteils legen und zusammennähen. Dabei die Markierungen aufeinander abstimmen (siehe Grundanleitung Seite 81). Die NZG Richtung vordere Mitte bügeln. 2 hintere Seitenteile jeweils r-a-r an eine Seitenkante eines Rückteils legen und zusammennähen. Auch hier wieder die Markierungen aufeinander abstimmen. Die NZG Richtung hintere Mitte bügeln. Das zweite Oberteil ebenso arbeiten.

3 Für beide Oberteile jeweils das Vorder- und Rückteil r-a-r aufeinanderlegen. Am äußeren Oberteil die rechte Seitenkante, am inneren Oberteil die linke Seitenkante zusammennähen. Anschließend die NZG sorgfältig auseinanderbügeln.

4 Die Seitenkanten des vorderen und hinteren Rockteils versäubern. Die Rockteile r-a-r aufeinanderlegen und an der rechten Seitenkante zusammennähen. Die linke Seitenkante vom Saum bis zur Markierung zusammennähen. Die NZG ebenfalls auseinanderbügeln.

5 Die Unterkante des äußeren Oberteils r-a-r an die Oberkante des Rockteils legen und annähen, dabei jeweils die Seitennähte aufeinander abstimmen. Die Naht in Richtung Oberteil bügeln.

6 Die kleineren Rechtecke an den kurzen Seitenkanten versäubern. Die kurzen Seitenkanten r-a-r aufeinanderlegen und zu einem Ring zusammennähen. Im Abstand von ca. 8 mm zur Oberkante mit großem Stich absteppen, dabei den Anfang verriegeln und das Ende offen lassen. Die Kante so weit einkräuseln, dass sie an das Rockteil passt. Dabei wieder die Seitennähte aufeinander abstimmen (siehe Grundanleitung Seite 81). Das Rechteck r-a-r auf das Rockteil legen und zusammennähen. Die zusammengenähte Kante zusammen versäubern. Die großen Rechtecke ebenso arbeiten und in der gleichen Weise an das Kleid nähen.

7 Den Saum des Kleides versäubern, 2 cm nach links umbügeln und die umgebügelte Kante absteppen.

8 Den Reißverschluss in die Seitenkante des Kleides einnähen (siehe Grundanleitung Seite 93).

9 Die Unterkante des inneren Oberteils versäubern. Das innere Oberteil l-a-l auf das äußere Oberteil legen und am vorderen und hinteren Halsloch sowie an den Armlöchern 5 mm breit zusammennähen. Das Innenteil an der Seitennaht von Hand am Reißverschluss festnähen.

10 Das Einfassband in den vorderen und hinteren Halsausschnitt einnähen: Für das Armloch die erforderliche Länge inklusive Träger am Körper ausmessen, 2 cm dazurechnen und 2 Bänder zurechtschneiden. Für das rechte Armloch die Enden eines Bandes r-a-r zu einem Ring zusammennähen. Das Einfassband in das Armloch einnähen und im Bereich des Trägers nur das Band zusammennähen. Für das linke Armloch das Einfassband direkt einnähen, dabei an der Seitennaht beginnen und wieder enden. Das Einfassband am Reißverschluss schön sauber mit der Hand vernähen.

Zagreb

FLÄCHE .... 56.594 km²
EINWOHNERZAHL 4.225.316
BEVÖLKERUNGSDICHTE ..... 75 Einwohner pro km²

KROATIEN

ANLEITUNG

1 Die Schnittteile 5–7 jeweils mit Vlieseline verstärken.

2 Die Abnäher der Vorderteile und des Rückteils gemäß Markierung nähen und in Richtung vordere bzw. hintere Mitte bügeln. Die Seitenkanten versäubern.

3 Beide Vorderteile r-a-r auf das Rückteil legen und an den Seitenkanten zusammennähen. Die NZG auseinanderbügeln. Die Unterkante des Oberteils versäubern.

4 Die Seitenkanten des Vorder- und Hinterrocks versäubern. Beide Vorderrockteile r-a-r auf den Hinterrock legen und an den Seitenkanten zusammennähen. Die NZG auseinanderbügeln. Die Oberkante des Rockes versäubern und 1 cm nach innen umbügeln. Einen großen Stich in der Maschine einstellen und im Abstand von 7 mm zur umgebügelten Rockkante nähen. Dabei den Nahtbeginn verriegeln, den Faden am Ende der Naht aber hängen lassen. Nun am Fadenende ziehen, bis die Weite des Rocks auf ca. die Hälfte eingekräuselt ist. Das Fadenende verknoten und die Weite gleichmäßig auf den Rock verteilen.

5 Im Abstand von 1 cm zur Unterkante des Oberteils eine Linie mit Schneiderwachskreide anzeichnen. Die umgebügelte und eingekräuselte Rockkante l-a-r an die angezeichnete Linie anlegen und in der gekräuselten Naht annähen. Dabei die Seitennaht des Rocks und das Oberteil aufeinander abstimmen (siehe Grundanleitung Seite 81).

SCHWIERIGKEITSGRAD 2

GRÖSSE

34–46

MATERIAL

* Stoff 1: Baumwollstoff mit Elasthan in Rosa geblümt, 220 cm x 140 cm (für alle Größen)
* Vlieseline, 30 cm
* Farblich passendes Nähgarn
* 8 kleine Knöpfe in Rosa, ø 10 mm
* Schneiderwachskreide

SCHNITTMUSTERBOGEN 2A

NAHTZUGABEN

Nähte und Kanten: 1 cm
Saum: 2 cm

ZUSCHNITT

STOFF 1

[1] Vorderteil 2x
[2] Rückteil 1x
[3] Vorderrock 2x
[4] Hinterrock 1x
[5] Vorderteilbeleg 2x
[6] Rückteilbeleg 1x
[7] Knopfleiste 2x

VLIESELINE

[5] Vorderteilbeleg 2x
[6] Rückteilbeleg 1x
[7] Knopfleiste 2x

KROATIEN

6 Die Knopfleisten jeweils der Länge nach l-a-l mittig falten und einen Bruch einbügeln. Eine Kante der Knopfleiste 1 cm umbügeln. Die andere Kante der Knopfleiste r-a-r an das rechte bzw. linke Vorderteil legen und annähen. Die Knopfleiste r-a-r umlegen und an der Ober- und Unterkante verstürzen, sodass je eine Ecke entsteht. Die Knopfleiste umschlagen, die Ecken ausformen und die Knopfleiste an der langen umgebügelten Kante feststeppen. Die Knopflöcher gemäß Markierung in die rechte Knopfleiste einarbeiten, die Knöpfe entsprechend an die linke Knopfleiste annähen.

7 Die Seitenkanten der Vorderteilbelege und des Rückteilbelegs r-a-r legen und zusammennähen. Die Unterkante des Belegs versäubern. Den Beleg r-a-r auf die Armausschnitt- und Halsausschnittkante legen und annähen. Die NZG in den Rundungen zurückschneiden und den Beleg nach innen wenden. Sowohl die Armausschnitt- als auch die Halsausschnittkante bügeln.

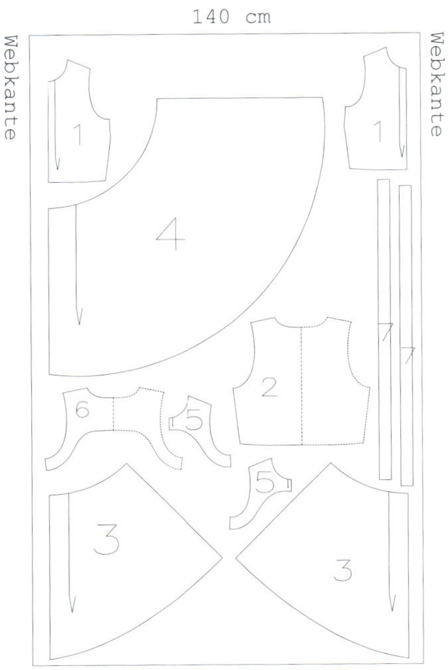

8 Die Schulterkanten zusammen versäubern, r-a-r aufeinanderlegen und zusammennähen. Anschließend die NZG auseinanderbügeln.

9 Den Rocksaum erst 1 cm nach links umbügeln, danach noch einmal 1 cm umbügeln und die umgebügelte Kante absteppen.

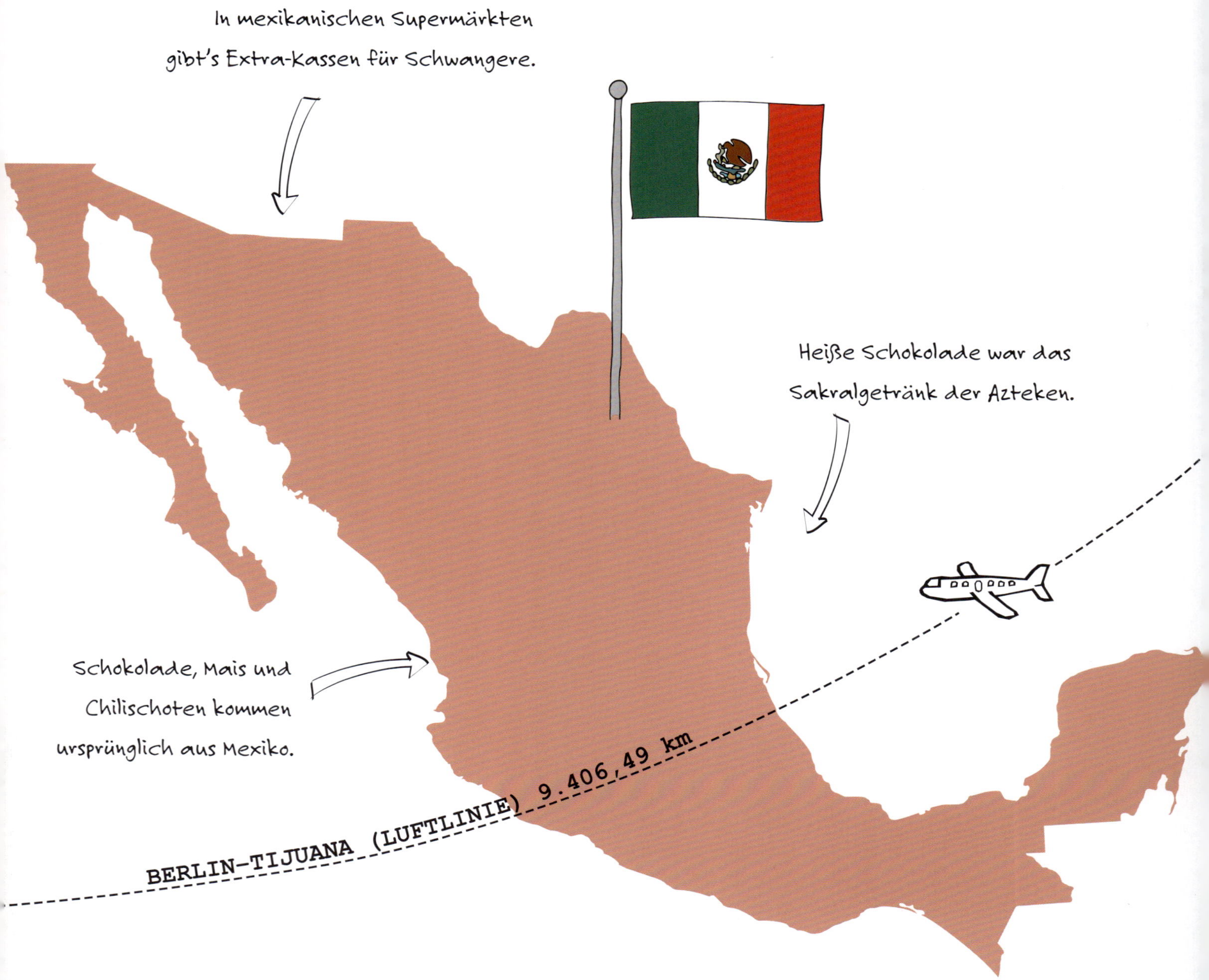

Tijuana

FLÄCHE	1.972.550 km²
EINWOHNERZAHL	120.286.655
BEVÖLKERUNGSDICHTE	61 Einwohner pro km²

MEXIKO

SCHWIERIGKEITSGRAD 1

GRÖSSE

S (34-36), M (38-40), L (42-44)

MATERIAL

* Stoff 1: Baumwollstoff in Beige mit schwarzen Mustern, 100 cm x 140 cm (bis Gr. 36 [S]), 200 cm x 140 cm (ab Gr. 38 [M-L])
* Band in Rot, 4 cm breit, 400 cm (für alle Größen)

SCHNITTMUSTERBOGEN 2A

NAHTZUGABEN

Nähte und Kanten: 1 cm
Saum: 2 cm

ZUSCHNITT

STOFF 1

[1] Vorder- und Rückteil 4x

ANLEITUNG

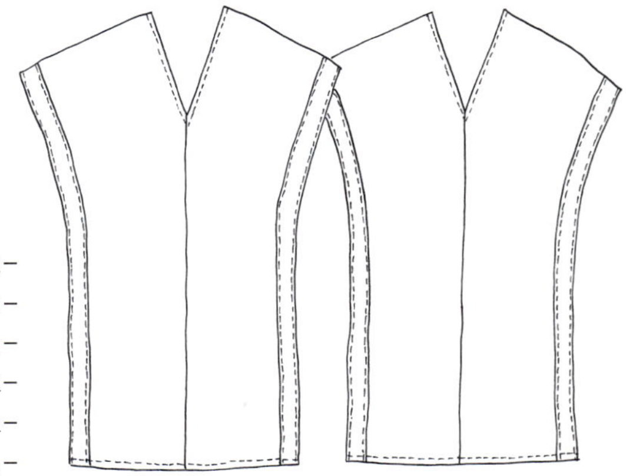

1 Alle 4 Schnittteile rundum versäubern. Jeweils ein Vorder- und ein Rückteil an den kurzen Seiten r-a-r aufeinanderlegen und die Schultern zusammennähen. Die NZG auseinanderbügeln. Dann jeweils die vordere bzw. die hintere Mitte der Vorder- bzw. Rückteile r-a-r aufeinanderlegen und vom Saum bis zur Ausschnittmarkierung zusammennähen. Die NZG auseinanderbügeln. Die NZG an der Ausschnittkante 1 cm umbügeln und absteppen.

2 Das Vorder- und Rückteil r-a-r bündig aufeinanderlegen und die Seitenkanten vom Saum bis zur Armausschnittmarkierung zusammennähen. Die NZG auseinanderbügeln und den Armausschnitt absteppen. Den Saum 2 cm nach links umbügeln und absteppen.

3 Das Band vorn und hinten entlang der Seitennaht aufsteppen. Dabei Anfang und Ende jeweils 1 cm einschlagen und mit festnähen.

Größe S

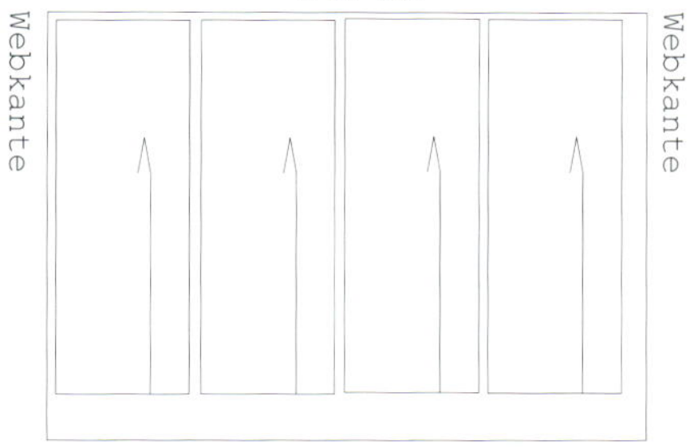

Größe M-L

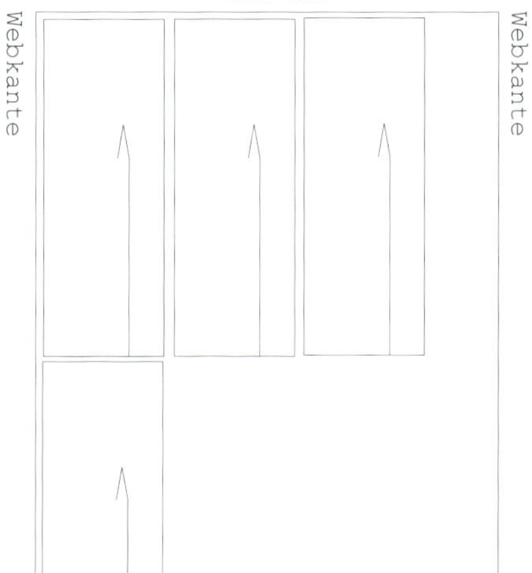

MEXIKO

Das offizielle schottische Wappentier ist das Einhorn. Da Einhörner im Mittelalter für sehr gefährlich gehalten wurden, wird es oft angekettet dargestellt. Lediglich Jungfrauen sollen genügend Macht über Einhörner gehabt haben, um sie zähmen zu können.

70 Prozent der schottischen Bevölkerung haben blaue Augen.

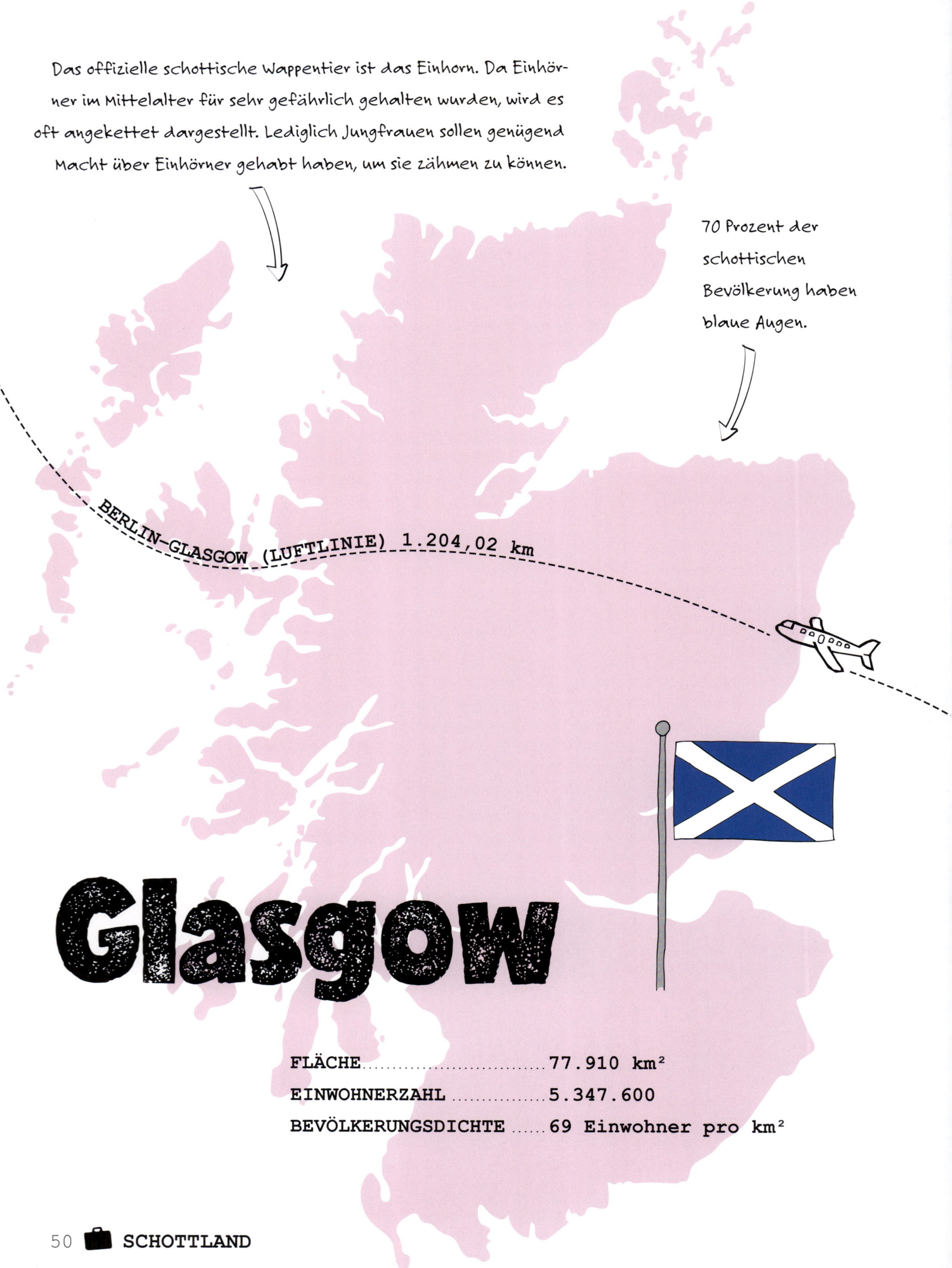

Glasgow

FLÄCHE	77.910 km²
EINWOHNERZAHL	5.347.600
BEVÖLKERUNGSDICHTE	69 Einwohner pro km²

SCHOTLAND

ANLEITUNG

1 Die Schulter-, Seiten- und Unterkanten der Vorderteile und des Rückteils versäubern. Die Seiten- und Oberkanten der Vorderrockteile und des Hinterrocks ebenfalls versäubern.

2 Die Vorderteile jeweils an den Schultern r-a-r auf das Rückteil legen und zusammennähen. Jeweils einen Heftfaden in die Schulternaht einziehen und die Schulternaht auf das passende Maß einkräuseln: Gr. 34: 10,8 cm/Gr. 36: 11 cm/Gr. 38: 11,2 cm/ Gr. 40: 11,4 cm/ Gr. 42: 11,6 cm/Gr. 44: 11,8 cm/ Gr. 46: 12 cm. Das Fadenende gut verknoten. Die NZG Richtung Rückteil bügeln.

3 Den vorderen Halsausschnitt, das hintere Halsloch und die beiden Armlöcher versäubern. Das Halsloch und die beiden Armlöcher 1 cm nach links umbügeln. Dann das Halsloch absteppen.

4 Beide Vorderteile in der vorderen Mitte aufeinanderlegen und an der Unterkante (Taillennaht) zusammennähen. Dann das Vorder- und Rückteil an der rechten Seitenkante r-a-r bündig aufeinanderlegen und zusammennähen. Die NZG gut auseinanderbügeln.

5 Die vordere Kante des rechten und linken Vorderrockteils jeweils 1 cm nach links umbügeln und absteppen. Den rechten Vorderrock l-a-r auf den linken Vorderrock legen, in der vorderen Mitte zusammenlegen und an der Oberkante (Taillennaht) festnähen. Den Vorderrock r-a-r bündig auf den Hinterrock legen und an der rechten Seitenkante zusammennähen. Die NZG sorgfältig auseinanderbügeln.

SCHWIERIGKEITSGRAD 3

GRÖSSE

34-46

MATERIAL

* Stoff 1: Baumwollstoff in Blau-Rosa kariert, 210 cm x 140 cm (bis Gr. 40)/ 250 cm x 140 cm (ab Gr. 42)
* Farblich passendes Nähgarn
* Ripsband in Blau, 2 cm breit, 210 cm lang (bis Gr. 40)/ 240 cm lang (ab Gr. 42)
* Gummiband in Weiß, 1 cm breit, 85 cm lang (bis Gr. 40)/ 95 cm lang (ab Gr. 42)

SCHNITTMUSTER-BOGEN 2A

NAHTZUGABEN

Seitennaht, Schulternaht, Halsloch, Armloch: 1 cm
Saum, Taillennaht: 1,5 cm

ZUSCHNITT

STOFF 1

[1] Vorderteil 2x
[2] Rückteil 1x
[3] Vorderrock 2x
[4] Hinterrock 1x

6 Die Unterkante des Oberteils und die Oberkante des Rockteils r-a-r aufeinanderlegen und mit 1,5 cm NZG zusammennähen. Die NZG auseinanderbügeln. Nun das Ripsband mittig auf die gerade genähte Taillennaht legen und rechts und links so aufnähen, dass ein Tunnelzug entsteht. Dabei am Anfang und Ende des Ripsbands jeweils 2 cm nicht mit festnähen.

7 Ober- und Rockteil wieder r-a-r bündig aufeinanderlegen und an der linken Seitenkante zusammennähen, dabei das Ripsband nicht mit festnähen. Dann die NZG auseinanderbügeln.

8 Das Gummiband auf die gewünschte Taillenweite abmessen, 2 cm NZG dazugeben und zuschneiden. Das Gummi mit einer Sicherheitsnadel in den Tunnel einziehen, die Enden 1 cm überlappen lassen und mit Zickzackstich zusammennähen. Von Hand das noch lose Ripsband von innen festnähen.

9 Den Saum versäubern, 1,5 cm nach links umbügeln und absteppen. Das bereits vorgebügelte Armloch ebenfalls absteppen.

Größe 34-40

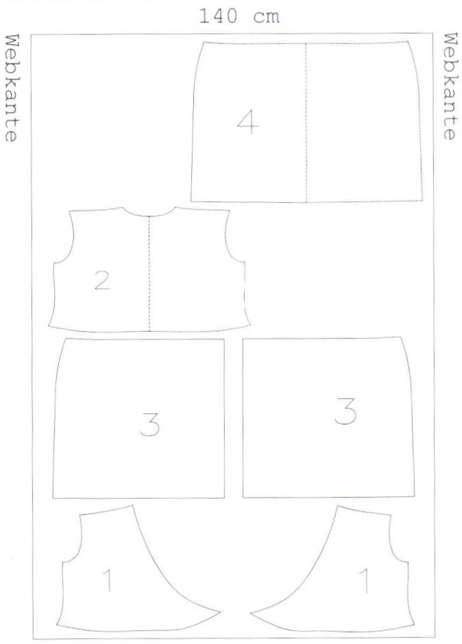

Größe 42-46

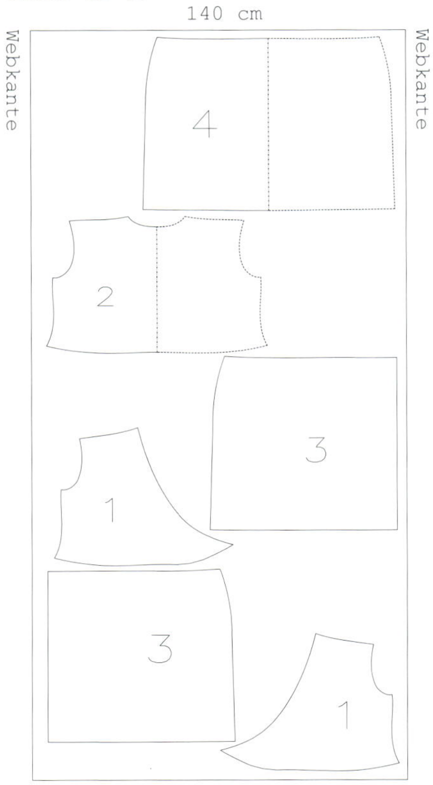

Arnold Schwarzenegger, bis heute jüngster Mister Universum, bekannter Hollywood-Schauspieler und von 2003 bis 2011 sogar Gouverneur von Kalifornien, stammt aus Österreich.

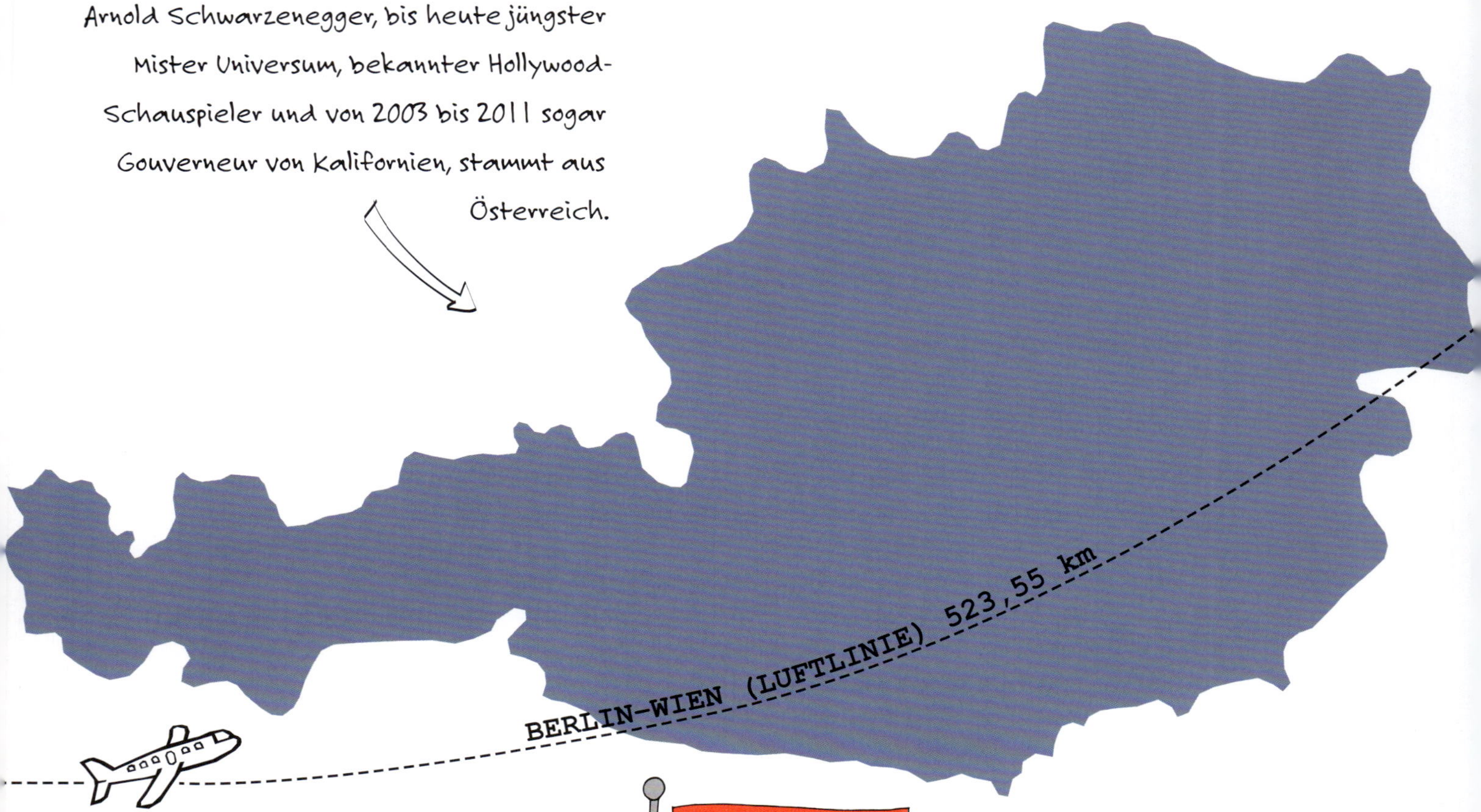

Bis 1938 gab es in Wien Linksverkehr.

Wien

FLÄCHE .... 83.878,99 km²

EINWOHNERZAHL 8.699.730

BEVÖLKERUNGSDICHTE ...... 104 Einwohner pro km²

ÖSTERREICH

ANLEITUNG

1 Zunächst jeweils eine Längshälfte der Manschetten sowie die Schnittteile 6 und 7 mit Vlieseline verstärken.

2 Die Brust- und Taillenabnäher der Vorderteile gemäß der Schnittmarkierung r-a-r legen und schließen. Die Brustabnäher nach oben, die Taillenabnäher in Richtung vordere Mitte bügeln. Die Taillen- und Schulterabnäher der Rückteile gemäß der Schnittmarkierung r-a-r legen, schließen und jeweils zur hinteren Mitte bügeln.

3 Auf beide Einsätze die Bänder gemäß der Schnittmarkierungen aufsteppen. Die NZG der Vorderkante und der Rundung 1 cm umbügeln. Beide Einsätze gemäß den Schnittmarkierungen l-a-r auf die Vorderteile legen und aufsteppen.

4 Die Seiten- und Schulterkanten der Vorder- und Rückteile sowie die hintere Mitte der Rückteile versäubern. Die Rückteile an der hinteren Mitte r-a-r aufeinanderlegen und zusammennähen. Die NZG auseinanderbügeln.

5 Beide Vorderteile r-a-r an den Schultern auf das Rückteil legen und zusammennähen. Die rechte Seitenkante schließen. Die linke Seite bleibt offen, dort wird später der Reißverschluss eingenäht. Jeweils die NZG auseinanderbügeln.

SCHWIERIGKEITSGRAD 3

GRÖSSE

34-46

MATERIAL

* Stoff 1: Baumwollstoff in Dunkelblau mit weißen Herzchen, 220 cm x 140 cm (bis Gr. 40)/ 240 cm x 140 cm (ab Gr. 42)
* Vlieseline, 30 cm
* Farblich passendes Nähgarn
* Satinband in Pink, 1 cm breit, 900 cm
* Satinband in Rot, 0,5 cm breit, 900 cm
* Nahtverdeckter Reißverschluss in Weiß, 40 cm
* 6 kleine Knöpfe in Rot, ø 10 mm

SCHNITTMUSTERBOGEN 2B

NAHTZUGABEN

Nähte und Kanten: 1 cm
Saum: 1 cm

ZUSCHNITT

STOFF 1

[1] Vorderteil 2x
[2] Rückteil 2x
[3] Ärmel 2x
[4] Rock 1x
[5] Manschette 2x
[6] Stehkragen außen 1x
[7] Stehkragen innen 1x
[8] Einsatz 2x

VLIESELINE

Manschetten-Längshälfte 2x
[6] Stehkragen außen 1x
[7] Stehkragen innen 1x

6 Jeweils die NZG an den Vorderkanten der Vorderteile 1 cm umbügeln. Anschließend die Knopfleiste wie im Schnitt angegeben im Bruch nach links umbügeln. Die umgebügelten Kanten an den Vorderteilen festnähen. Die Knopflöcher gemäß Schnittmarkierungen in die rechte Knopfleiste einarbeiten und die Knöpfe entsprechend auf der linken Knopfleiste annähen. Die Knopfleiste an der Unterkante des Oberteils übereinanderlegen und zusammenheften.

7 Nun die Stehkragenteile r-a-r aufeinanderlegen, die Außenkanten feststecken und aufeinandersteppen, die Ansatzlinie bleibt offen. Die NZG an den Ecken zurückschneiden. Die NZG auseinanderbügeln. Den Kragen wenden und die Rundungen vorsichtig ausformen. Dann die Kante flach bügeln. Dabei darauf achten, dass die Naht auf der Unterseite dicht neben dem Bruch liegt, sodass sie von rechts nicht sichtbar ist.

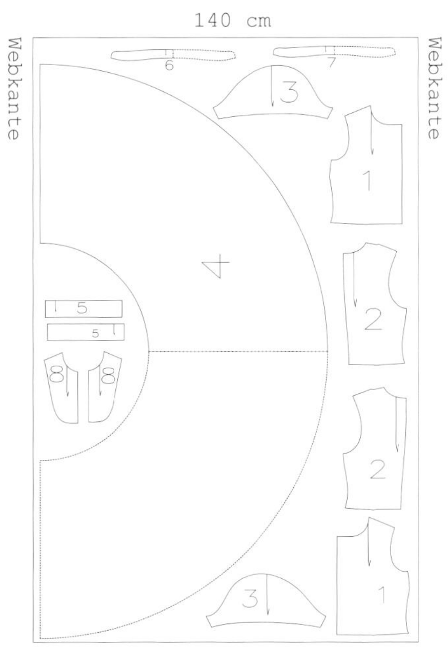

8 Beim inneren Stehkragen die NZG der Ansatzkante umbügeln. Den äußeren Stehkragen r-a-r an den Halsausschnitt stecken und annähen. Die Innenseite des Stehkragens nach oben klappen, die NZG in den Stehkragen bügeln. Die eingeschlagene Kante des inneren Stehkragens innen über der Ansatznaht feststecken und von rechts absteppen, dabei alle Kanten mitfassen.

9 Für die Kräuselung der Ärmel jeweils einen Heftfaden an den Armkugeln und den Unterkanten von Markierung zu Markierung einziehen. Die Ärmelunterkanten auf das Manschettenmaß, die Armkugeln ungefähr auf die Hälfte des Armlochmaßes einkräuseln (Das Maß muss beim Einnähen gegebenenfalls noch einmal korrigiert werden). Die Ärmel an den Seitenkanten r-a-r aufeinanderlegen und zusammennähen. Die NZG versäubern und in Richtung hinteren Ärmel bügeln.

10 Die NZG an der Längskante der Manschetten 1 cm umbügeln. Die Manschette gemäß Bruchmarkierung l-a-l umbügeln und wieder aufklappen. Die Manschetten jeweils r-a-r legen, dabei steht die obere NZG der verstärkten Seite über. Die schmalen Kanten zusammenstecken und aufeinandersteppen. Die NZG an den Ecken zurückschneiden und die Manschetten auf rechts wenden. Die verstärkte Seite der Manschetten r-a-r kantenbündig auf die untere Ärmelkante stecken und festnähen. Die Manschetten umklappen und die NZG in die Manschette bügeln, dann die eingeschlagene Kante an der Ansatznaht feststecken. Zum Schluss die Kanten rundherum von rechts schmalkantig absteppen.

11 Die Ärmel r-a-r in die Armlöcher einpassen, dabei die Seitennähte des Kleids und der Ärmel aufeinanderstecken und die Markierungen aufeinander abstimmen (siehe Grundanleitung Seite 81). Die Ärmel zunächst von Hand einnähen und dabei die Kräusel in der Armkugel gleichmäßig verteilen. Danach die Ärmel mit der Maschine einnähen. Die NZG versäubern und in den Ärmel bügeln.

12 Auf das Rockteil gemäß Schnittmustermarkierungen die Bänder aufsteppen. Die Seitenkanten des Rocks versäubern. Den Rock r-a-r bündig aufeinanderlegen und die Seitenkante vom Saum bis zur Reißverschluss-Markierung schließen. Die NZG auseinanderbügeln.

13 Die Oberkante des Rocks r-a-r auf die Unterkante des Oberteils legen und zusammennähen. Die NZG versäubern und nach oben bügeln. Die NZG absteppen.

14 Den Reißverschluss in die linke Seite des Oberteils einnähen (siehe Grundanleitung Seite 93). Den Rocksaum versäubern, 1 cm nach links umbügeln und absteppen.

1732 eröffnete die Livraria Bertrand in Lissabon und ist damit die älteste Buchhandlung der Welt.

Portugal besitzt die längste Brücke Europas: die 17,2 Kilometer lange Ponte Vasco da Gama.

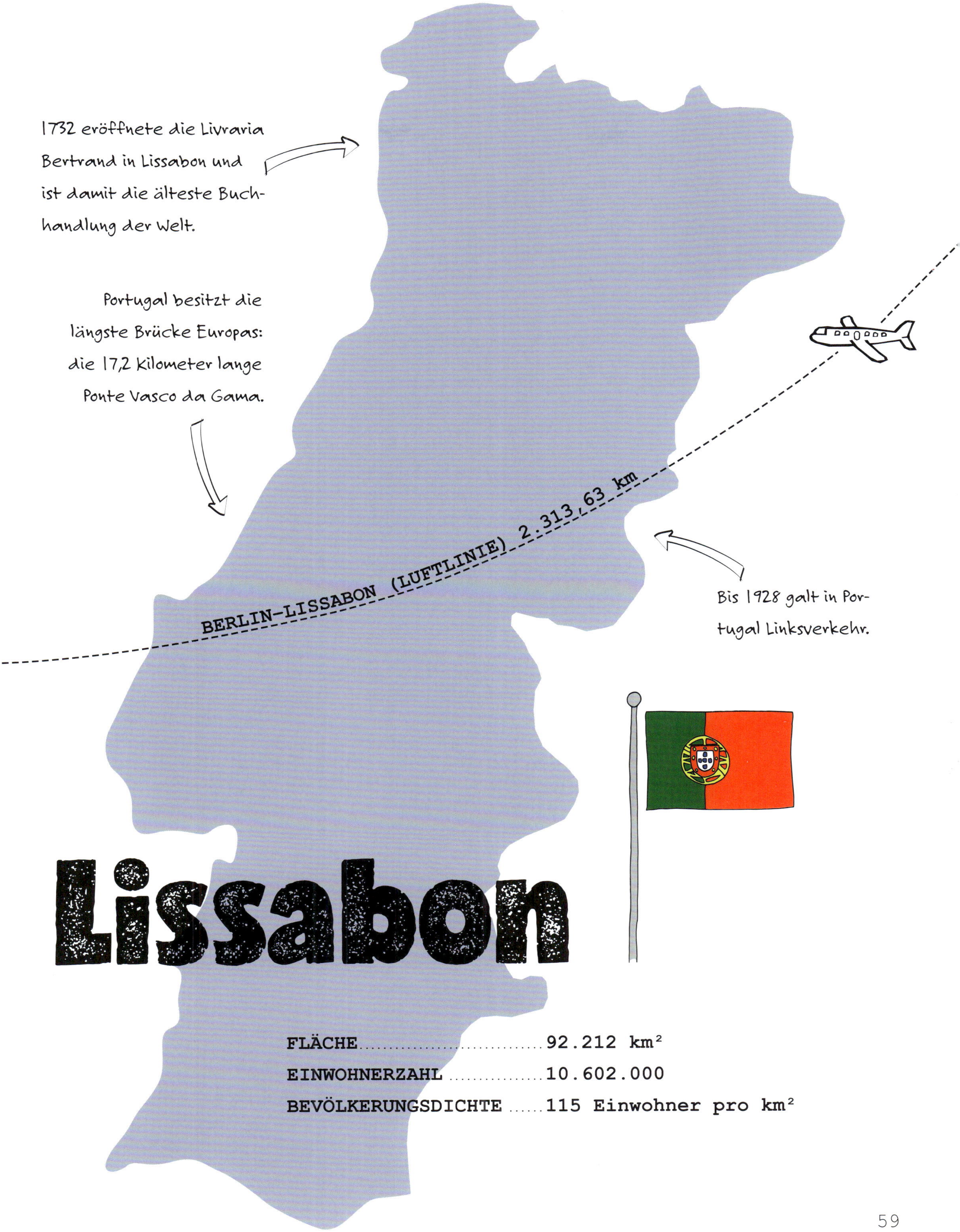

Bis 1928 galt in Portugal Linksverkehr.

Lissabon

FLÄCHE .... 92.212 km²
EINWOHNERZAHL 10.602.000
BEVÖLKERUNGSDICHTE .... 115 Einwohner pro km²

ANLEITUNG

1 Die Seitenkanten am Vorder- und Rückteil versäubern. Das Vorderteil r-a-r auf das Rückteil legen und an den Seitenkanten mit einem elastischen Stich zusammennähen.

2 Den Saum und das Armloch versäubern. Den Saum 1,5 cm nach links umbügeln und absteppen. Das Armloch 1 cm nach links umbügeln und absteppen.

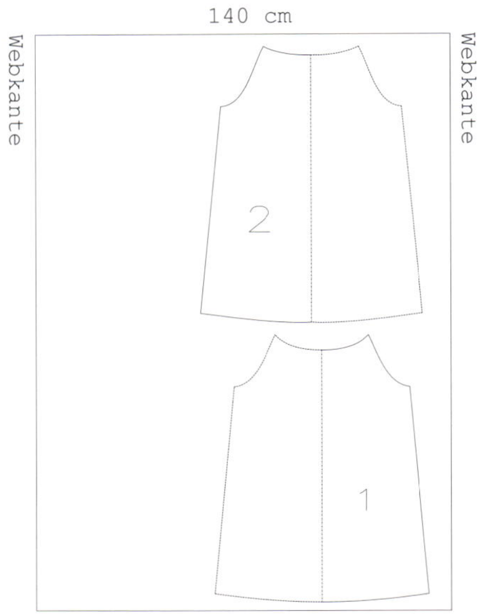

3 Das vordere und das hintere Halsloch versäubern, jeweils 1,5 cm nach links umbügeln und 1 cm breit absteppen. Die Kordel in der Mitte auseinanderschneiden und an allen Enden einen Knoten binden, damit sich die Kordel nicht auftrennt. Die Kordel jeweils durch das vordere und hintere Halsloch einziehen und nach Belieben binden.

SCHWIERIGKEITSGRAD 1

GRÖSSE

34-46

MATERIAL

* Stoff 1: Jerseystoff in Wollweiß mit Motiv, 200 cm x 140 cm (für alle Größen)
* Kordel in Wollweiß, ø 5 mm, 200 cm

SCHNITTMUSTERBOGEN 2B

NAHTZUGABEN

Nähte und Armloch: 1 cm
Saum und Halsloch: 1,5 cm

ZUSCHNITT

STOFF 1

[1] Vorderteil 1x

[2] Rückteil 1x

PORTUGAL

In Italien ist es Tradition, zu Silvester rote Unterwäsche zu tragen. Das soll im neuen Jahr Glück bringen.

Im italienischen Lazio fahren Polizisten mit Lamborghinis.

Mailand

FLÄCHE .... 301.338 km²
EINWOHNERZAHL 60.603.764
BEVÖLKERUNGSDICHTE .... 201 Einwohner pro km²

ITALIEN

ANLEITUNG

1 Die Schnittteile 5 und 6 jeweils mit Vlieseline verstärken.

2 Das Vorderteil und beide Rückteile rundum versäubern. Die Ausschnittkante des Vorderteils und beider Rückteile einkräuseln. Dafür jeweils einen Faden mit kleinen Stichen an der Kante einziehen und einkräuseln.

3 Beide Rückteile r-a-r an der hinteren Mitte aufeinanderlegen und bis zur Schlitzmarkierung zusammennähen. Die NZG auseinanderbügeln. Das Rückteil r-a-r auf das Vorderteil legen und an der rechten Seitenkante zusammennähen. Die NZG auseinanderbügeln.

4 Die Seitenkanten des Vorder- und Hinterrocks versäubern. Den Vorderrock r-a-r auf den Hinterrock legen und an der rechten Seitenkante zusammennähen. Die NZG auseinanderbügeln. Die linke Seitenkante vom Saum bis zur Reißverschlussöffnung zusammennähen. Die NZG auseinanderbügeln.

SCHWIERIGKEITSGRAD 3

GRÖSSE

34–46

MATERIAL

* Stoff 1: Polyesterstoff in Dunkelorange, 210 cm x 140 cm (für alle Größen)
* Stoff 2: Polyesterstoff in Braun mit Leopardenmuster und Bordüre, 55 cm x 140 cm (für alle Größen)
* Vlieseline, 30 cm
* Nahtverdeckter Reißverschluss in Dunkelorange, 40 cm
* 4 kleine Haken mit Ösen
* Stabiles Band in Schwarz, 3 cm breit, 80 cm (bis Gr. 40)/ 90 cm (ab Gr. 42)

SCHNITTMUSTERBOGEN 2B

NAHTZUGABEN

Nähte und Kanten: 1 cm
Saum: 2 cm

ZUSCHNITT

STOFF 1

[1] Vorderteil 1x
[2] Rückteil 2x
[5] Halslochblende vorn 2x
[6] Halslochblende hinten 4x

STOFF 2

[3] Vorderrock 1x
[4] Hinterrock 1x

VLIESELINE

[5] Halslochblende vorn 2x
[6] Halslochblende hinten 4x

5 Den Reißverschluss in die linke Seite einnähen (siehe Grundanleitung Seite 93). Die NZG der hinteren Mitte im Bereich des Schlitzes 1 cm nach links umbügeln und den Ausschnitt absteppen.

6 Beide hinteren äußeren Halslochblenden an den Schultern r-a-r auf die vordere äußere Halslochblende legen und zusammennähen. Die inneren Halslochblenden auf die gleiche Weise zusammennähen. Beide Halslochblenden an der Halslochkante r-a-r aufeinanderlegen und zusammennähen, dabei auch gleich die hintere Mitte mit verstürzen. Die NZG in den Rundungen auf 5 mm zurückschneiden. Die Halslochblende auf rechts wenden und die Kante bügeln.

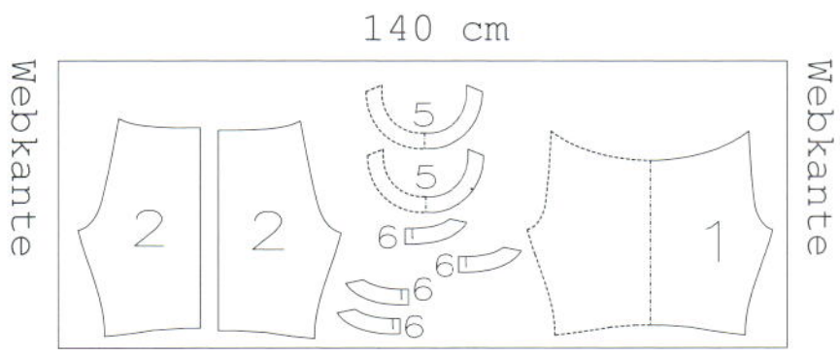

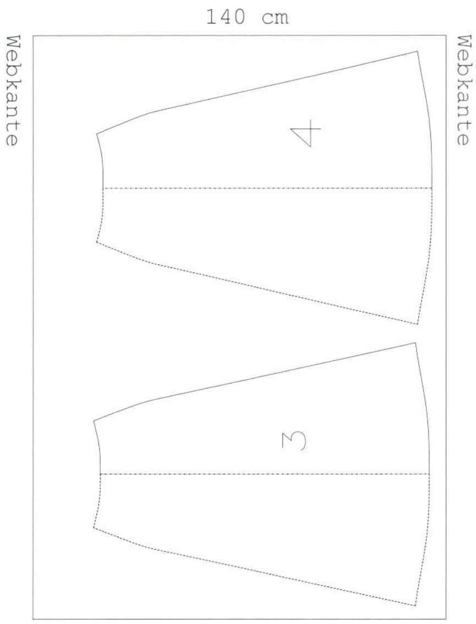

7 Die Unterkante der Halslochblende jeweils 1 cm nach innen umbügeln. Die Halslochenden l-a-l aufeinanderlegen und im Schulterbereich zusammensteppen (von Markierung bis Markierung). In den Bereich, der nun offen geblieben ist, jeweils das Vorderteil und die Rückteile dazwischenschieben und von Hand heften. Anschließend mit der Nähmaschine zusammensteppen. In der hinteren Mitte der Halslochblende 2 kleine Haken und Ösen von Hand annähen.

8 Für den Gürtel das Band auf das eigene Taillenmaß abmessen, 4 cm NZG hinzugeben und zuschneiden. Die Enden jeweils 1 cm nach links einschlagen und nochmals 1 cm umschlagen, sodass die Kante sauber ist. Dann das Ende absteppen. 2 kleine Haken und Ösen von Hand an den Gürtel nähen.

9 Den Rocksaum erst 1 cm, dann noch einmal 1 cm nach links umbügeln. Die umgebügelte Kante absteppen.

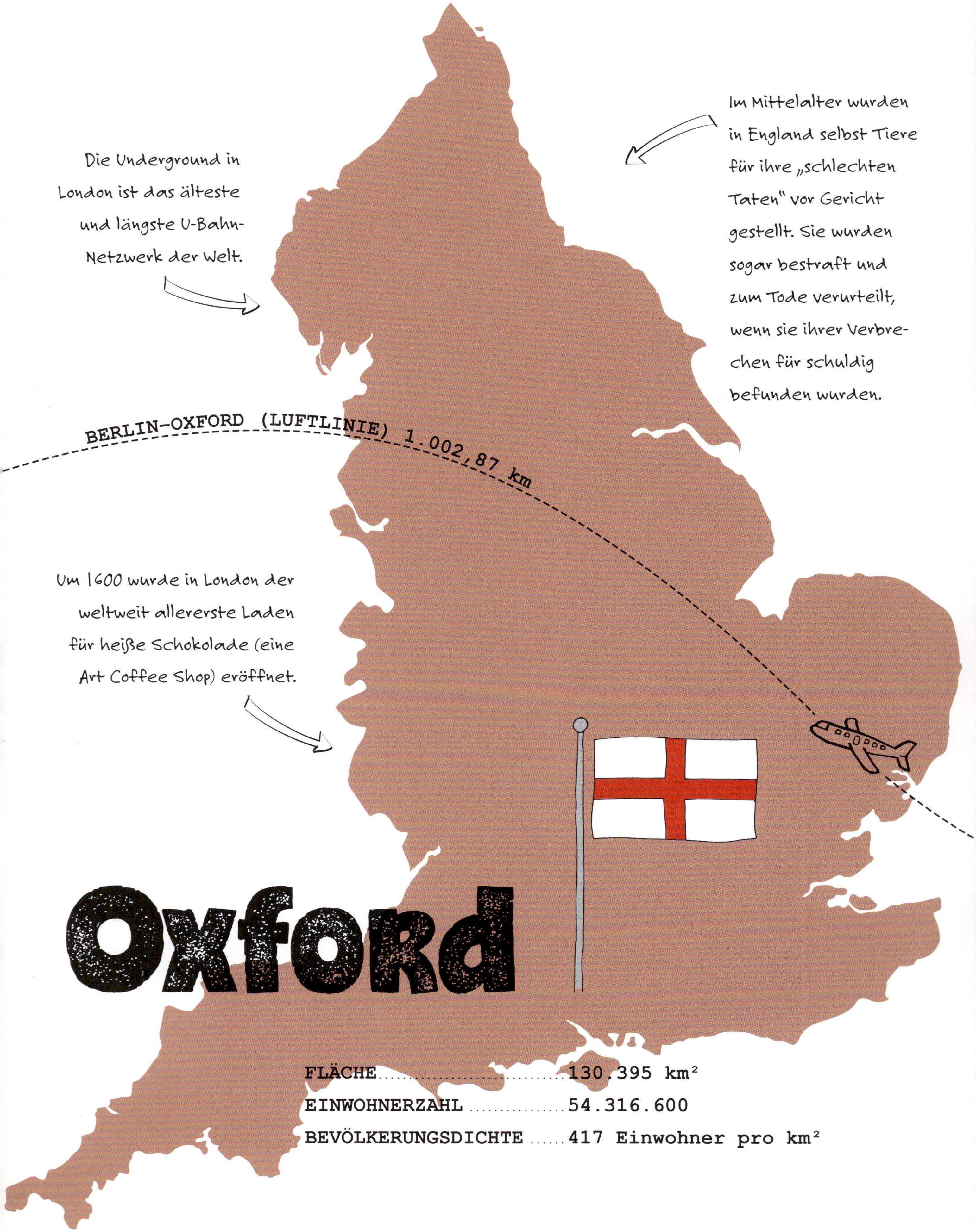

Die Underground in London ist das älteste und längste U-Bahn-Netzwerk der Welt.

Im Mittelalter wurden in England selbst Tiere für ihre „schlechten Taten" vor Gericht gestellt. Sie wurden sogar bestraft und zum Tode verurteilt, wenn sie ihrer Verbrechen für schuldig befunden wurden.

Um 1600 wurde in London der weltweit allererste Laden für heiße Schokolade (eine Art Coffee Shop) eröffnet.

Oxford

FLÄCHE .... 130.395 km²
EINWOHNERZAHL 54.316.600
BEVÖLKERUNGSDICHTE .... 417 Einwohner pro km²

ENGLAND

SCHWIERIGKEITSGRAD 1

GRÖSSE

34–46

MATERIAL

* Stoff 1: Baumwollstoff in Grau, 140 cm x 140 cm (für alle Größen)
* Vlieseline, 30 cm
* Farblich passendes Nähgarn
* Nahtverdeckter Reißverschluss in Grau, 60 cm

SCHNITTMUSTERBOGEN 2B

NAHTZUGABEN

Nähte und Kanten: 1 cm
Saum: 3 cm

ZUSCHNITT

STOFF 1

[1] Vorderteil 1x
[2] Rückteil 2x
[3] Vorderteilbeleg 1x
[4] Rückteilbeleg 2x

VLIESELINE

[3] Vorderteilbeleg 1x
[4] Rückteilbeleg 2x

ANLEITUNG

1 Die Vorderteil- und die Rückteilbelege mit Vlieseline verstärken.

2 Die Brust- und Taillenabnäher des Vorderteils und der Rückteile gemäß der Schnittmarkierung r-a-r legen und schließen. Die Brustabnäher nach oben bügeln. Die Taillenabnäher jeweils in Richtung vordere und hintere Mitte bügeln.

3 Die Seitenkanten des Vorderteils und der Rückteile sowie die hintere Mitte der Rückteile versäubern. Beide Rückteile an der hinteren Mitte r-a-r aufeinanderlegen und vom Saum bis zur Reißverschluss-Markierung zusammennähen. Die NZG auseinanderbügeln. Das Vorderteil r-a-r auf das Rückteil legen und an den Seitenkanten zusammennähen. Die NZG auch auseinanderbügeln.

4 Den Reißverschluss gemäß Markierung in die hintere Mitte einnähen (siehe Grundanleitung Seite 93).

5 Beide Rückteilbelege r-a-r auf den Vorderteilbeleg legen und an den Seitenkanten zusammennähen. Die NZG auseinanderbügeln. Die Unterkante des Belegs rundherum versäubern. Den Beleg r-a-r auf das Vorder- und die Rückteile legen und je am Hals- und am Armloch aufeinanderstecken. Dabei darauf achten, dass die Seitennähte aufeinanderlie-

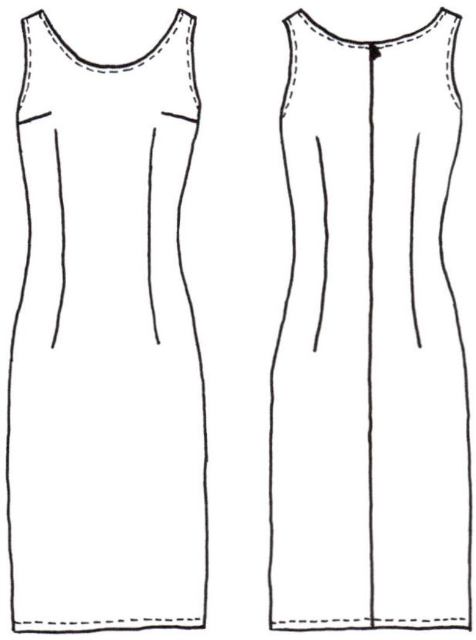

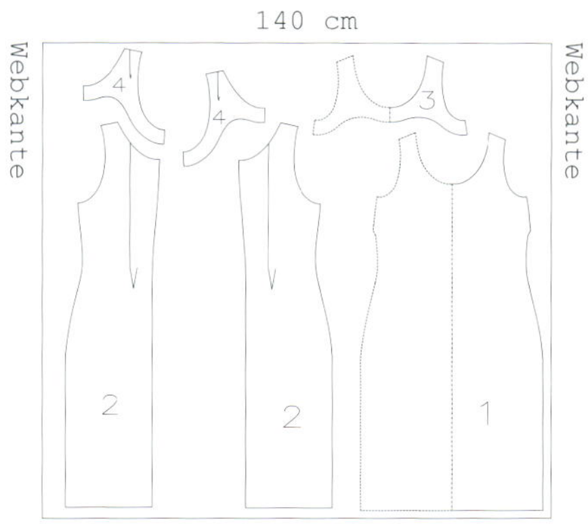

gen. Den Beleg annähen, dabei die Schultern offen lassen. Die Rundungen auf 5 mm NZG zurückschneiden und den Beleg nach innen wenden, sodass die rechte Stoffseite sichtbar ist. Die Kante ausbügeln und die Schulterkanten versäubern. Die Schulterkanten r-a-r aufeinanderlegen und zusammennähen. Die NZG auseinanderbügeln und die Enden der NZG von Hand vernähen, damit sie nicht rausschauen. Den Rückteilbeleg in der hinteren Mitte von Hand an den Reißverschluss annähen.

6 Den Saum versäubern, 3 cm nach links umbügeln und absteppen.

Aiguilles à coudre
avec pointes

GRUND-ANLEITUNG

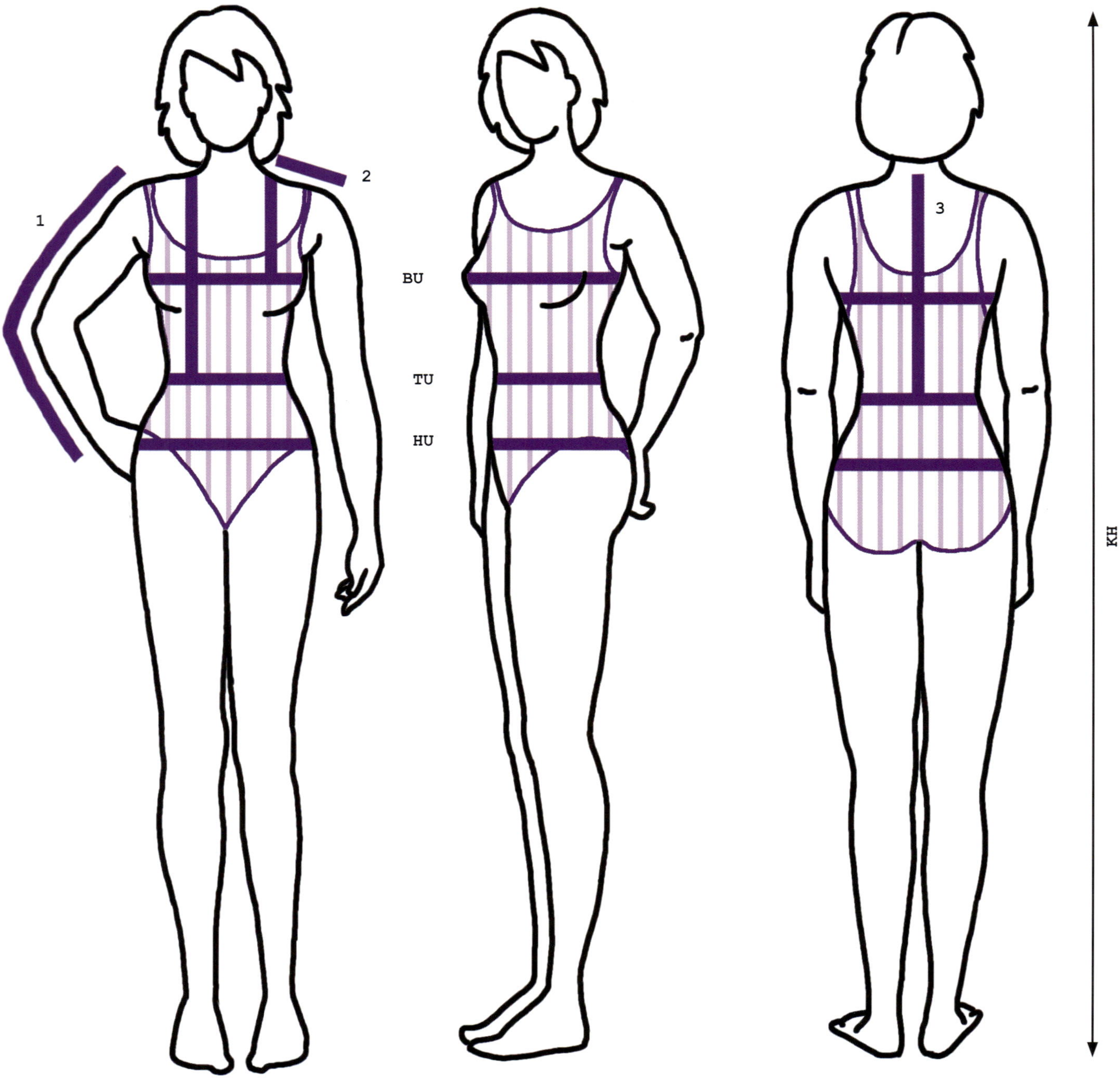

MASSTABELLE

Größenbezeichnung	**34**	**36**	**38**	**40**	**42**	**44**	**46**
Körperhöhe	168	168	168	168	168	168	168
Brustumfang	80	84	88	92	96	100	104
Taillenumfang	64	66	70	74	78	82	86
Hüftumfang	87	90	94	98	102	106	110
Halsansatzumfang	35,5	36	36,5	37	37,5	38	38,5
Rückenlänge (Halswirbel-Taille)	40,9	41	41,1	41,2	41,3	41,4	41,5
Ärmellänge (ab Kugel)	59,9	60	60,1	60,2	60,3	60,4	60,5
Oberarmumfang	26,5	27,5	28,5	29,5	30,5	31,5	32,5
Handgelenkumfang	15,3	15,5	15,9	16,3	16,7	17,1	17,5

Körpermaße

Bevor man an sich selbst Maß nimmt, sollte man die wichtigsten Maße und die Methoden der richtigen Messung kennenlernen. Dazu Maßband, Stift, Papier und evtl. ein Taillenband, ein ca. 1 cm breites unelastisches Band, bereitlegen.

WICHTIGE KÖRPERMASSE

Schlüsselmaße wie Brustumfang (BU), Taillenumfang (TU), Hüftumfang (HU) sowie die Körpergröße (KH) führen zur richtigen Größe.

KÖRPERGRÖSSE KH (Körperhöhe) wird ohne Schuhe gemessen, am besten an einer Wand stehend vom Scheitel bis zur Sohle, ein Geodreieck kann dabei behilflich sein.

BRUSTUMFANG BU wird über dem höchsten Punkt der Brust gemessen, Maßband vorne festhalten und hinten leicht nach oben führen.

TAILLENUMFANG TU ohne zu schnüren rings um die engste Stelle der Körpermitte messen.

HÜFTUMFANG HU über die stärkste Stelle der Hüfte messen. Dabei als messende Person am besten seitlich stehen, um überprüfen zu können, ob das Maßband an der richtigen Stelle liegt.

SCHULTERBREITE [2] ist die Strecke vom Halsansatz bis zum Schulterpunkt.

ARMLÄNGE [1] ist die Länge vom Schulterpunkt über den leicht angewinkelten Ellbogen bis zum Handgelenk.

Taillierte Modelle

Bei taillierten Modellen spielt oft die Rücken- und vordere Taillenlänge eine Rolle.

RÜCKENLÄNGE [3], um diese zu ermitteln, legt man sich zuerst ein ca. 1 cm schmales Band um die Taille, das Taillenband. Nun misst man vom siebten Halswirbel in der Rückenmitte bis zur Taillenbandunterkante.

VORDERE LÄNGE, um sie zu bestimmen, verwendet man weiterhin das Taillenband und misst vom seitlichen Halsansatz über die Brustspitze ebenfalls bis zur Taillenbandunterkante.

SEITLICHE BEINLÄNGE, die man aufrecht stehend ab Taillenbandunterkante seitlich über die Hüfte bis zur gewünschte Saumlänge misst. Die klassische Hosenlänge wird ohne Schuhe und aufrecht stehend bis zum Boden gemessen.

Schnittmuster übertragen

ABPAUSEN DER SCHNITTTEILE

Zum Abpausen des kompletten Schnittes werden alle Schnittteile und nötigen Angaben sauber und ordentlich mit einem spitzen Stift und einem Lineal vom Schnittbogen auf das durchscheinende Transparentpapier, auch Kopierpapier genannt, mit etwas Abstand zueinander übertragen. Dazu liegt der Schnittbogen unter dem durchscheinenden Kopierpapier auf einer ebenen, ausreichend großen Fläche.

Beim Abpausen dürfen sich die Schnittteile nicht mehr überlappen, da jedes Teil später einzeln ausgeschnitten wird, um auf den Stoff gelegt zu werden.

Es müssen auch die „vermaßten Teile", d.h. die Teile, die in der Anleitung nur mit Maßangaben bezeichnet sind, konstruiert werden. Dabei handelt es sich meist nur um rechteckige Teile, wie z.B. Gürtelschlaufen, Manschetten oder Rüschen.

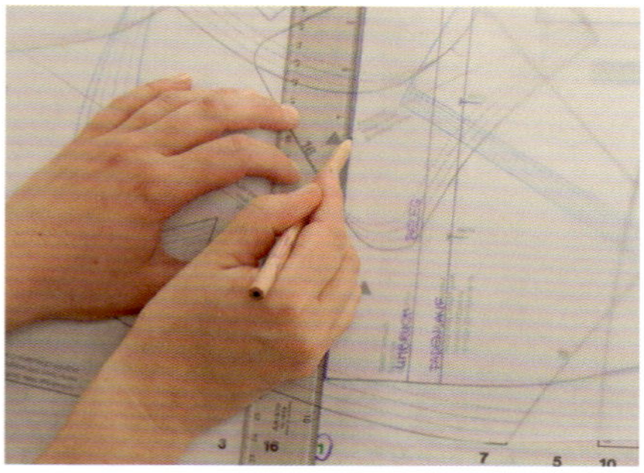

AUSSCHNEIDEN DER SCHNITTTEILE

Nachdem alle benötigten Schnittteile sauber auf Kopierpapier abgepaust wurden (evtl. schon mit Nahtzugaben versehen) müssen sie ordentlich mit einer Papierschere an der Kontur entlang ausgeschnitten werden. Anschließend griffbereit zur Seite legen.

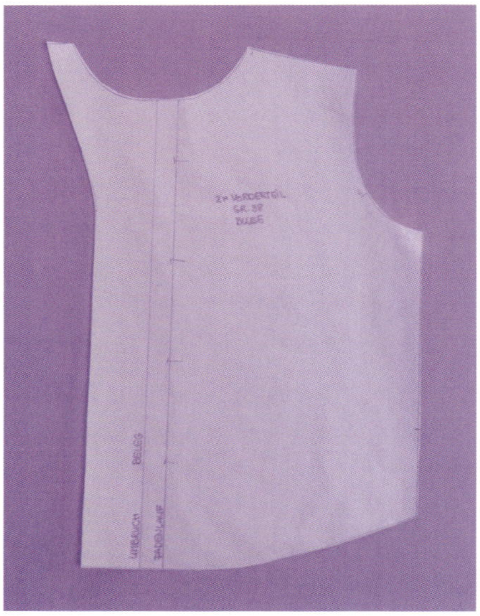

Zeichenerklärungen

Beim Abpausen der Schnittteile stößt man immer wieder auf sogenannte Schnittzeichen. Diese sind hilfreich und erleichtern die anschließende Näharbeit, daher ist es sinnvoll, sie beim Kopieren mit zu übernehmen. Sie sind zwar nicht normiert, haben sich jedoch zwischenzeitlich etabliert.

PASSZEICHEN [1] Beim Nähen langer Nähte helfen Passzeichen. Sie unterteilen eine lange Strecke in mehrere kürzere und damit überschaubarere Abschnitte. Die kleinen Querstriche, hier an der Taille einer langen Seitennaht eingezeichnet, treffen am Vorder- und Rückteil aufeinander.

ABNÄHER [2] werden im Schnitt als Dreiecke, bei Kontakt zu Nähten als Rauten im Innern des Schnittteils häufig eingezeichnet.

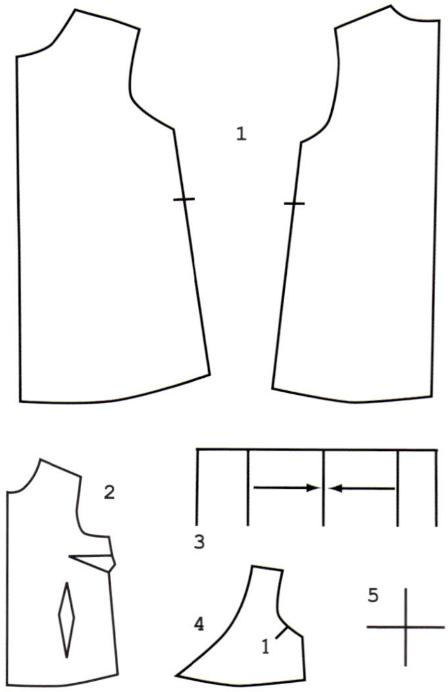

FALTENZEICHEN [3] Die Falten in Pfeilrichtung einlegen. Auch hier die Faltenzeichen in den Papierschnitt übernehmen.

ÄRMELEINSETZZEICHEN [4] Ein Passzeichen, das beim Ärmeleinsetzen hilft. Auch hier gilt: Zusammengehörige Zahlen treffen aufeinander. Die Markierung am Ärmel trifft die Markierung, die im Vorderteil zu finden ist. Beim Zuschnitt von Karo dient dieses Zeichen als Anhaltspunkt und durch diesen Punkt geht eine waagerechte Referenzlinie.

KNOPFLOCH UND KNOPF [5] Auch auf den Papierschnitt übernehmen und mit einer Nadel auf den Stoff übertragen, wenn es an das Nähen des Knopfloches geht. Den Knopf passend zum Knopfloch annähen.

WEITERE ZEICHEN

Folgende Zeichen sind ebenfalls auf dem Schnitt und in der Anleitung zu finden. Im Schnitt sind sie oft weiterhin ausgeschrieben und durch Begrenzungen gekennzeichnet.

-.-.-.-.-.-.-.-.-.-.-.-.-.-.-

STOFFBRUCH Die Strichpunktlinie bedeutet im Schnitt, dass dieses Teil am Stoffbruch angelegt werden muss.
Im Zuschnittplan ist es ebenfalls so dargestellt.

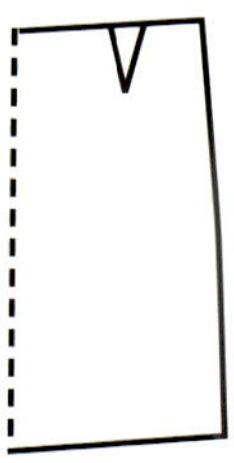

ANSATZLINIE Die gestrichelte Linie bedeutet im Schnitt, dass das Teil an dieser Stelle angesetzt werden muss.

Weitere wichtige Begriffe

Es gibt darüber hinaus noch einige weitere fachspezifische Begriffe, auf die man beim Abpausen stößt und die man sich nicht so leicht selbst erklären kann.

ABNÄHER werden im Schnitt bei Kontakt zu Nähten als Dreiecke und im Innern des Schnittteils liegend als Rauten eingezeichnet. Sie müssen ebenso kopiert und später auch genäht werden. Abnäher sind eine einfache und wichtige Methode, um überschüssige Mehrweite wegzunehmen, ohne dabei in den Stoff schneiden zu müssen.

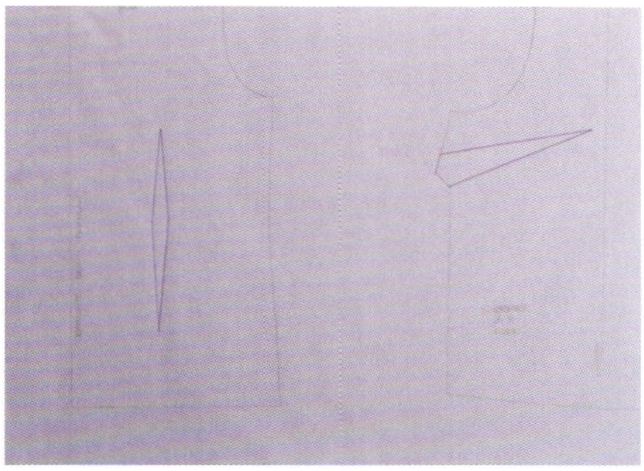

ANSATZLINIEN für Taschen, Gürtelschlaufen o.Ä. werden oft nur angedeutet und nicht durchgängig eingezeichnet. Vom Schnitt übernehmen und benutzen, man kann sie eventuell auch verlegen.

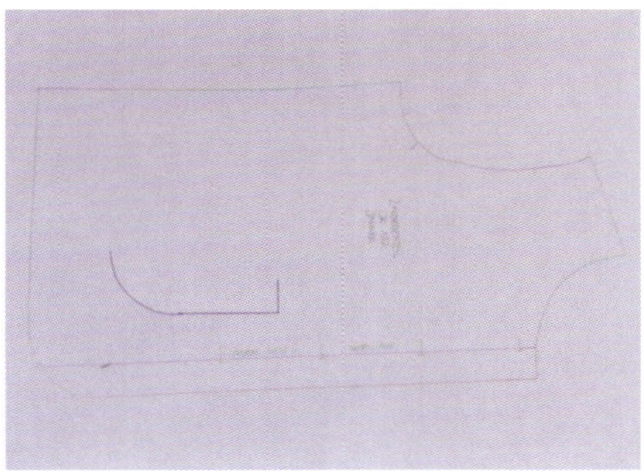

BELEG dient zum Versäubern bzw. Verstürzen offener Kanten. Der Begriff kann leicht damit erklärt werden, dass man einen Teil mit einem anderen „belegt". Die Kanten können gerade, wie der Verschlussbeleg an einer Bluse, oder gebogen, wie der Halsbeleg an einer kragenlosen Jacke, sein. Auch Säume, die teils komplizierte Formen aufweisen, können mit einem Beleg, dem sogenannten Saumbeleg oder Formbeleg, verstürzt werden. Der Beleg ist bei komplizierten Formen ein eigenes Schnittteil. Ist die Schnittkante am Beleg jedoch gerade, so ist er oft kein eigenes Schnittteil, sondern „angeschnitten", d.h. am entsprechenden Teil enthalten.

BRUCH, an dem meist etwas „umgebrochen", also umgeklappt wird. Das Teil geht nach dem Bruch weiter.

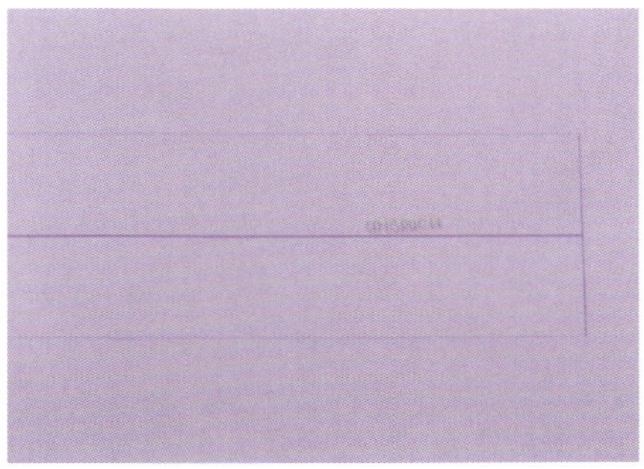

FADENLAUF entspricht der Richtung der Kettfäden. Der eingezeichnete Fadenlauf auf den Schnittteilen muss später beim Zuschnitt mit dem tatsächlichen Fadenlauf des Stoffes übereinstimmen. Fadenlauf, Webkanten und Bruch sind Parallelen. Es gibt auch Teile, die absichtlich im schrägen Fadenlauf zugeschnitten werden z.B. Schrägstreifen, Taschen, Patten, Rockteile usw. Entsprechende Angaben aus dem Schnitt immer übernehmen und beim Zuschnitt berücksichtigen.

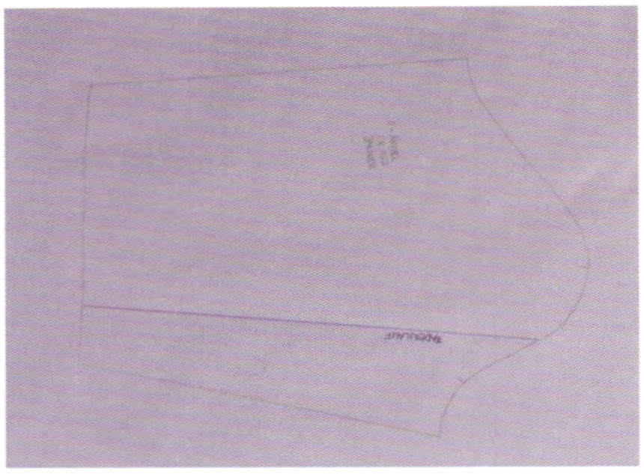

NAHTZUGABEN sind wichtig, würde man sie nicht extra anzeichnen, wäre das fertige Stück genau um diesen Betrag zu klein! Grundsätzlich an sämtlichen Nähten ringsum 1 cm anzeichnen!

STOFFBRUCH, hier bricht der Stoff um und geht weiter. Der Stoffbruch (links im Bild) ist das Gegenteil der Webkanten (rechts im Bild) und sehr wichtig! Ein Teil, das man am Stoffbruch, kurz auch nur Bruch benannt, anlegt, wird doppelt so breit – ohne Naht. Legt man ein Schnittteil jedoch an der Webkante an, erhält man zwei Schnittteile!

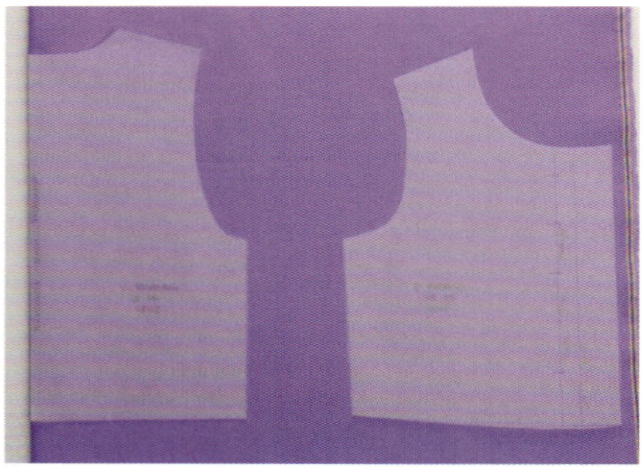

ÜBER- UND UNTERTRITT sind die Mehrweiten, die man benötigt, um etwas mit einem Verschluss zu schließen. Am Rockbund benötigt man für das Knopfloch einen Übertritt, dieser tritt über etwas darüber. Am Untertritt, dem Gegenteil, findet sich dann an entsprechender Stelle der Knopf.

VERSTÜRZEN ist eine gängige Variante, um eine Kante sauber zu gestalten. Oft ist dazu ein Beleg erforderlich. Man benötigt dazu ein zweites Teil, das an der zu verstürzenden Kante deckungsgleich sein muss.

VORDERE MITTE ist die Bezeichnung für eine gedachte Linie, die den Körper in Längsrichtung in zwei gleiche Hälften teilt, wie bei einer Mittelsenkrechten. Diese Linie ist im Schnitt tatsächlich eingezeichnet, da sie symmetrisches Arbeiten ermöglicht. Besonders wichtig ist die vordere Mitte auch beim Zuschnitt von gemusterten Stoffen als Symmetrieachse. Rechts und links davon geht das Muster symmetrisch weiter. In der Praxis ist in der vorderen Mitte bei Oberteilen z.B. oft ein Verschluss zu finden, bei Röcken liegt die vordere Mitte oft am Stoffbruch und bei Hosen kann eine Naht eingearbeitet sein.

HINTERE MITTE BZW. RÜCKENMITTE ist das Gegenstück zu der vorderen Mitte.

WEBKANTEN sind rechts und links an der geöffneten Stoffbahn. Die Stoffbreite entspricht der Breite des Webstuhls und die Webkanten liegen an den seitlichen Begrenzungen des Webstuhls. Zur besseren Handhabung werden breite Stoffe in der Mitte zusammengelegt. Deshalb liegen dann beide Webkanten aufeinander. Die Stoffe werden dann als „doppelt breit" bezeichnet.

Zuschnitt nach der Hobbymethode

Bei der Hobbymethode werden alle Schnittteile laut Zuschneideplan mit genügend Abstand zueinander auf den Stoff gelegt – hier müssen die Nahtzugaben erst noch angezeichnet werden. Die Schnittteile werden mit Stecknadeln fadengerade, d.h. im Fadenlauf, festgesteckt bzw. fixiert. Alle Konturen des Schnittes werden nun auf die Stoffvorder- und -rückseite in mehreren, einzelnen Arbeitsgängen übertragen.

ÜBERNEHMEN DES FADENLAUFS AUF DEN STOFF

Der auf den Schnittteilen angegebene Fadenlauf wird auf den Stoff übertragen.

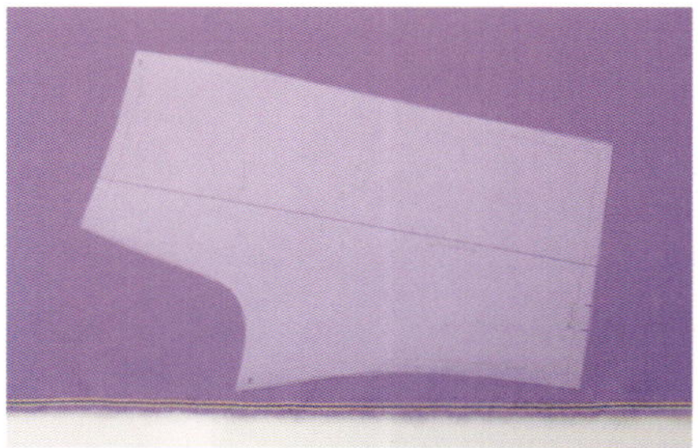

Dazu legt man ein Schnittteil auf den Stoff, misst am oberen Bereich des Schnittteils den Abstand von Webkante oder Bruch (je nachdem, welcher Abstand kürzer ist) zur „Fadenlauflinie", fixiert das Schnittteil und überträgt diesen Betrag auf das untere Ende des Schnittteils. So lässt sich das Schnittteil fadengerade auf dem Stoff ausrichten.

ÜBERTRAGEN DER KONTUREN

Den rechts auf rechts gefalteten Stoff auf einer ebenen, harten Oberfläche ausbreiten. Ein Kopierrädchen, Kopierpapier – dies ist ein mit Kreidestaub bedecktes dickeres Papier, das im Handel in verschiedenen Farben erhältlich ist – sowie Schneiderkreide oder Kreidestifte/Trickmarker bereitlegen.

Das Kopierpapier wird mit der Kreidestaubseite nach oben unter den Stoff geschoben. Mit dem Kopierrädchen umfährt man mit etwas Druck alle Schnittkonturen, Abnäher und Passzeichen. Auf der Stoffrückseite zeichnen sich fein gepunktete Linien ab. Diese Linie ist die Nählinie, auf der später genäht wird. Alle Schnittteile so kopieren. Dazu den Stoff liegen lassen und lediglich das Kopierpapier verschieben. Anschließend werden anhand dieser Nählinie die Nahtzugaben mit Kreide, Kreidestiften oder Trickmarker angezeichnet.

ANZEICHNEN DER NAHTZUGABEN

Bei der Hobbymethode werden im zweiten Schritt die Nahtzugaben rings um alle Schnittteile eingezeichnet. Da die Nahtzugaben direkt auf den Stoff gezeichnet werden, lassen sich diese nicht so exakt markieren, denn der Stoff kann verrutschen und eine Kreidelinie auf Stoff ist ungenauer als eine Bleistiftlinie auf Papier. Daher wird zusätzlich eine Nählinie benötigt.

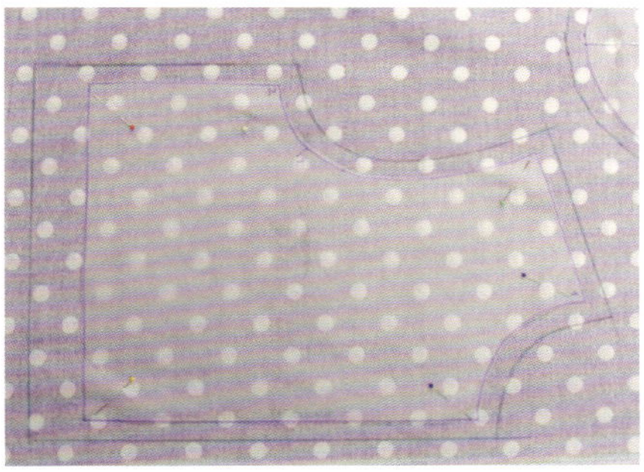

ZUSCHNEIDEN

Mit einer scharfen Zuschnittschere werden alle Teile entlang der Nahtzugabenlinie ausgeschnitten.

KOPIEREN DER KONTUREN AUF DIE ZWEITE SEITE

Um die Nählinie auf die zweite, linke Stoffseite zu übertragen, die Stecknadeln an den festgesteckten Schnittteilen lösen, den Papierschnitt entfernen und das zugeschnittene Teil erneut fixieren, damit beide Teile nicht auseinanderfallen oder verrutschen. Den Papierschnitt bis zur weiteren Verwendung zur Seite legen. Die zugeschnittenen Stoffschnittteile wenden und mit der zuvor eingezeichneten Kontur nach oben erneut auf das Kopierpapier legen. Mit dem Kopierrädchen nochmals alle Konturen nachfahren. Nun hat man auf beiden Stoffseiten die exakte Nählinie. Die zweite Nählinie ist schneller eingezeichnet, wenn man vor dem Entfernen der Papierschnittteile die Konturen mit einem feinen Kreidestift oder Trickmarker nachzeichnet.

Zuschnitt von Stoffen

STOFFE MIT SYMMETRISCHEM MUSTERVERLAUF

Bei Mustern, die sich nach rechts und links symmetrisch und regelmäßig fortsetzen (z.B. Streifen, Karos, Ornamente usw.) legt man die „vordere Mitte" des Schnittteils auf die Mitte des Musters und richtet die übrigen Schnittteile daran aus, damit sich das Muster am fertigen Bekleidungsstück folgerichtig fortsetzt.

STOFFE MIT KARO

Besonders schwierig ist es, Stoffe mit Karos oder besonders auffälligen und großen Mustern zuzuschneiden. Ein klassischer Blazer mit Kragen sowie einem derart auffälligen Muster ist somit eine echte Herausforderung. Karos wirken ruhiger, wenn man beim Zuschnitt auf eine einheitliche Saumhöhe achtet (also wenn ein bestimmtes Karo immer auf gleicher Höhe beginnt).

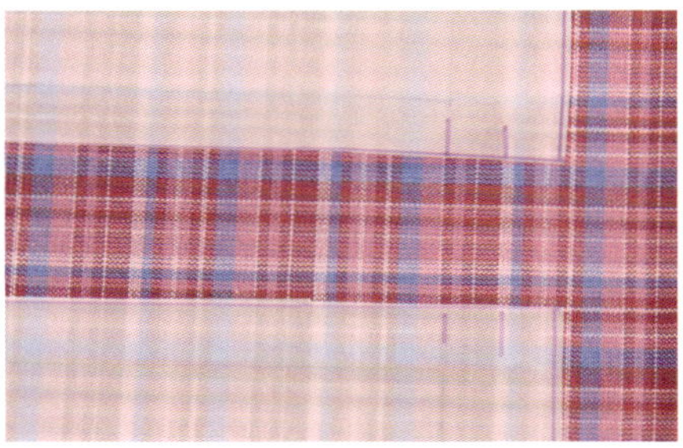

GEMUSTERTE STOFFE

Einige gemusterte Stoffe können wie Uni-Stoffe behandelt werden, da die Muster entweder besonders klein sind (auch als „falsche Unis" bezeichnet), oder aber besonders groß, sehr unregelmäßig sind oder die Muster so weit auseinanderliegen, dass sie nicht direkt miteinander in Verbindung gebracht werden.

STOFFE MIT RICHTUNG

Bei Mustern, die eine Richtung vorgeben, z.B. Figuren, Gegenstände, eine Schrift o. Ä., richtet man alle sichtbaren Schnittteile an der Musterrichtung aus, damit das Muster am fertig genähten Teil nicht „auf den Kopf" gestellt ist!

Zuschnitt von Einlage

Mit dem Zuschnitt des Stoffes ist bereits ein großer Teil an nähvorbereitenden Arbeiten erledigt. Es gibt jedoch noch weitere Vorbereitungen, die den eigentlichen Nähvorgang erheblich abkürzen oder das Ergebnis optimieren: Dazu gehört der Zuschnitt von Einlage.

EINLAGE

Einlage dient dazu, die Eigenschaften eines Stoffes an unterschiedliche Ansprüche anzupassen bzw. zu unterstützen. So benötigt man an einer Bluse, die meist aus leichten, fließenden Stoffen gearbeitet wird, Kragen und Manschetten mit mehr Festigkeit. Dies wird mit Einlage erzielt. Auch wenn man noch nicht damit gearbeitet hat - bitte nicht darauf verzichten! Einlage ist ein dünnes Vlies, das meist auf die linke Seite des Oberstoffes gebügelt wird. Einlage ist nicht teuer, verbessert jedoch entscheidend das Nähergebnis.

ZUSCHNITT DER EINLAGE

Für den Zuschnitt der Einlage werden die Papierschnittteile, nach denen auch der Oberstoff zugeschnitten wird, verwendet. Einlage wird meistens mit Nahtzugabe zugeschnitten, auf diese Weise wird sie beim Nähen durch die Naht zusätzlich fixiert. In der Anleitung wird die Einlage im Zuschneideplan oft grau schraffiert dargestellt.

FIXIEREN DER EINLAGE

Einlage hat eine rechte und linke Seite. Auf der linken Seite ist die Beschichtung zur Fixierung aufgetragen. Dies können kleine raue Haftmassepunkte sein oder auch eine leicht glänzende, plane und homogene Klebeschicht. Wie die jeweilige Einlage optimal fixiert wird, ist am Rand der Einlage aufgedruckt. Dort finden sich Artikelbezeichnung, benötigte Fixiertemperatur und -dauer, um die Einlage haltbar aufzubügeln. Bügeln Sie jedoch nicht mit Dampf. Am besten wirken Hitze, Druck und etwas Zeit. Das Bügeleisen auf der Einlage nicht schieben, sondern mehrmals aufstellen und andrücken.

Einfache Naht

Die sogenannte einfache oder gerade Naht ist die einfachste und am häufigsten angewandte Nahttechnik, um zwei oder mehr Teile zusammenzusetzen. Genäht wird sie mit dem Gerad- oder Steppstich.

Zwei Teile rechts auf rechts aufeinanderlegen, Stoffkanten mit Stecknadeln zusammenstecken, Nählinie markieren, mit Geradstich auf der markierten Linie nähen, dabei nach und nach die Stecknadeln herausziehen. Anfang und Ende der Naht mit ein paar Rückstichen sichern (Betätigen der Rückwärtsnähtaste) oder die Fäden verknoten. Die Naht auseinanderbügeln, Kanten der Nahtzugaben mit Zickzackstich oder der Zickzackschere versäubern.

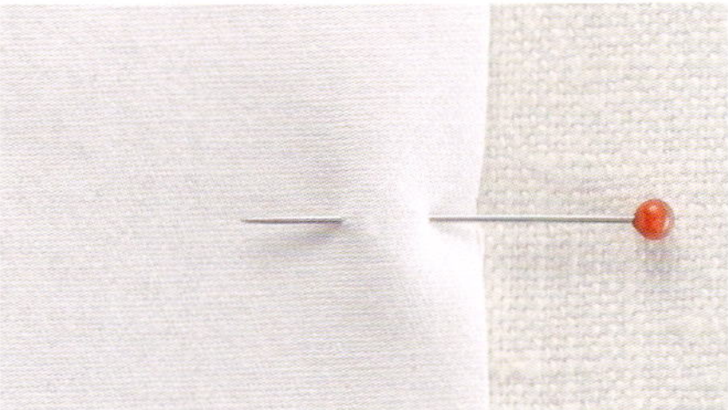

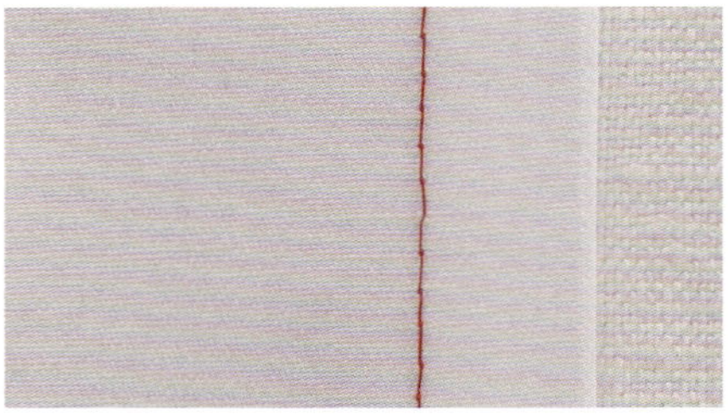

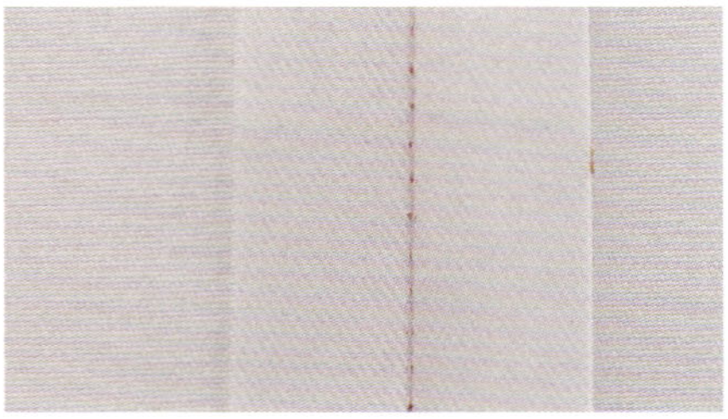

MASCHINENEINSTELLUNG

Stich: Geradstich, Stichlänge 2,5 mm
Nähfuß: Standard- oder Geradstichfuß mit Rundloch
Nadel: Universalnadel
Faden: Universalnähfaden als Ober- und Unterfaden, farblich passend zum Stoff

Einfache Steppnaht

Die einfache Steppnaht besteht aus einer einfachen Naht mit einer zusätzlichen Steppstichnaht auf der rechten Stoffseite. Dies macht die Naht dekorativ und das Versäubern der Nahtkanten entfällt.

Zunächst die einfache Naht nähen, die Nahtzugaben zu einer Seite hin bügeln, die Nahtzugaben von rechts füßchenbreit entlang der Naht mit einem Geradstich feststeppen.

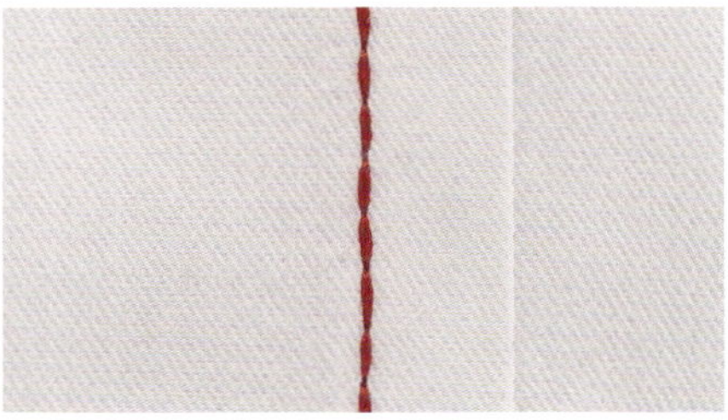

MASCHINENEINSTELLUNG

Stich: Geradstich
Nähfuß: Standard- oder Kantenfuß
Nadel: Universalnadel
Faden: Universalnähfaden als Ober- und Unterfaden, farblich passend zum Stoff

Overlocknaht

Moderne Nähmaschinen sind oft mit einem Overlockstich ausgestattet, um Nähte und Bündchen aus elastischen Stoffen zu nähen, ohne dass sich die Naht dabei ausdehnt. Als Nähfuß kann der Blindstichfuß eingesetzt werden, um mehr Elastizität zu erreichen.

Stoff rechts auf rechts aufeinanderlegen, die Oberfadenspannung evtl. etwas lockern, Nählinie markieren und daran entlangnähen, überstehende Nahtzugaben dicht neben der Overlocknaht zurückschneiden (1). Overlocknaht Rückseite und Vorderseite (2). Overlocknaht in der Rundung (3).

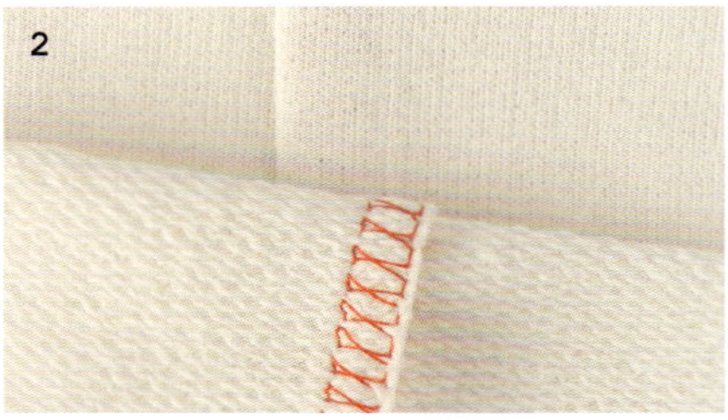

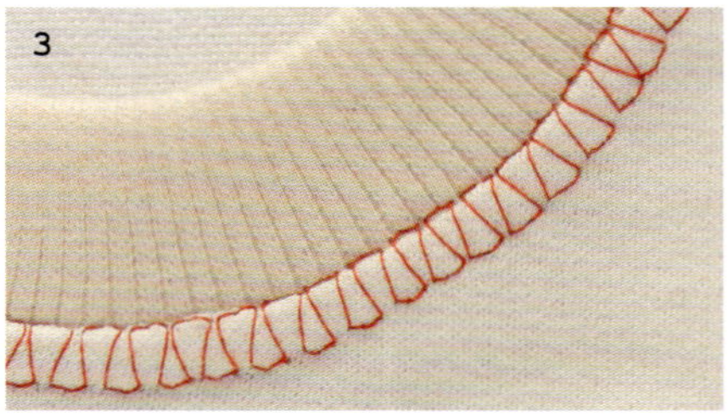

MASCHINENEINSTELLUNG

Stich: Overlockstich
Nähfuß: Blindstichfuß
Nadel: Jerseynadel
Faden: Universalnähfaden als Ober- und Unterfaden, farblich passend zum Stoff

Nähte aufeinander abstimmen

Beim Zusammennähen von Schnittteilen müssen oftmals Markierungen aufeinander abgestimmt werden. Hierfür die Markierungen der Schnittteile genau aufeinanderlegen und dabei die eventuelle Überweite eines Stoffteils so verteilen, dass keine Falten oder Kräusel entstehen.

Versäubern mit Zickzackstich

Die wohl gängigste und schnellste Methode der Kantenversäuberung mit der Nähmaschine ist das Versäubern mit dem Zickzackstich. Beim Übernähen der Stoffkanten darauf achten, dass die Nadel abwechselnd in den Stoff und neben der Stoffkante ins „Leere" sticht. Die Stichlänge und Stichbreite richtet sich nach der Stoffqualität: breite Zickzackstiche für stark fransende Stoffe, schmale Zickzackstiche mit größerer Stichlänge für wenig fransende Stoffe.
Naht schließen, Kanten der Nahtzugaben entweder einzeln oder bei dünneren Stoffen beide Stoffkanten gleichzeitig mit Zickzackstich versäubern.

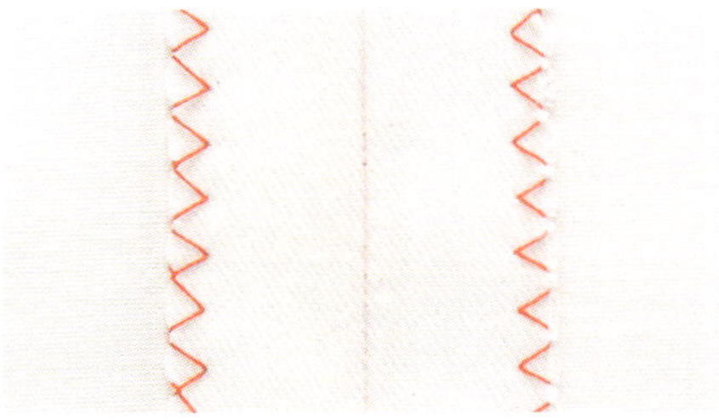

MASCHINENEINSTELLUNG
Stich: Zickzackstich, Stichbreite 2,5–5 mm, Stichlänge 1,5–3,5 mm
Nähfuß: Standardfuß
Nadelposition: Mitte
Faden: Universalnähfaden als Ober- und Unterfaden, farblich passend zum Stoff

Versäubern mit Schrägstreifen/Band

Schrägstreifen sind im diagonalen Fadenlauf zugeschnitten, daher sehr dehnbar und für geschwungene Kanten geeignet. Sie können selbst hergestellt werden, sind aber auch im Handel in vielen Farben glatt oder vorgefalzt erhältlich. Die Versäuberungstechnik mit Schrägstreifen wird bei ungefütterter Bekleidung oder textilen Gegenständen angewendet, bei denen die Nahtkanten sichtbar sind. Sowohl Innen- als auch Außenrundungen lassen sich mit Schrägstreifen faltenlos einfassen. Mit dieser Technik eingefasste Nahtkanten sehen edel aus und werten das genähte Teil auf, jedoch ist die Technik recht zeitaufwendig. Die Einfassung kann in der gleichen Stoffqualität Ton in Ton oder in einer Kontrastfarbe gearbeitet werden. Für dicke Stoffe werden Schrägstreifen aus Futterstoff oder Satin verarbeitet.

GERADE KANTEN EINFASSEN

Um gerade Kanten einzufassen, vorgefalztes Schrägband der Länge nach links auf links zur Hälfte bügeln, gleichmäßig um die Schnittkanten der Nahtzugaben legen und feststecken. Schrägband mit zwischengefasster Kante an der inneren Bruchkante knappkantig feststeppen. Für gerade Kanten kann die Einfassung auch im geraden Fadenlauf zugeschnitten werden.

GESCHWUNGENE KANTEN EINFASSEN

Um geschwungene Kanten einzufassen, das vorgefalzte Schrägband aufklappen, auf der Vorderseite rechts auf rechts kantenbündig feststecken, dabei dehnen oder einhalten, und auf dem Falz aufnähen. Schrägband um die Stoffkante zur linken Seite umklappen, dabei die Ansatznaht verdecken. Dann die Blende an der inneren Bruchkante von Hand mit feinen Saumstichen festnähen oder von rechts mit der Maschine feststeppen.

Einfacher Saum

Der einfache Saum eignet sich für leichte bis mittelschwere, fransende Webstoffe. Man verwendet ihn für Heimtextilien und Oberbekleidung.
Die Saumkante 1,5 cm breit nach links umfalten, bügeln, anschließend die gewünschte Saumzugabe (Saumbreite) umfalten, bügeln, stecken und knappkantig von links feststeppen.

MASCHINENEINSTELLUNG
Stich: Geradstich,
Stichlänge 2,5–3 cm
Nähfuß: Standard- oder Kantenfuß
Faden: Universalnähfaden als Ober- und Unterfaden, farblich passend zum Stoff

Doppelter Saum

Der doppelte Saum ist für leichte bis mittelschwere, gewebte Stoffe geeignet. Mit ihm wird Oberbekleidung (Kleider, Blusen, Hemden und Hosen) gesäumt.
Die Hälfte der Saumzugabe zur Stoffrückseite umfalten, bügeln, nochmals umklappen und bügeln. Danach feststecken und den Saum knappkantig von links feststeppen.

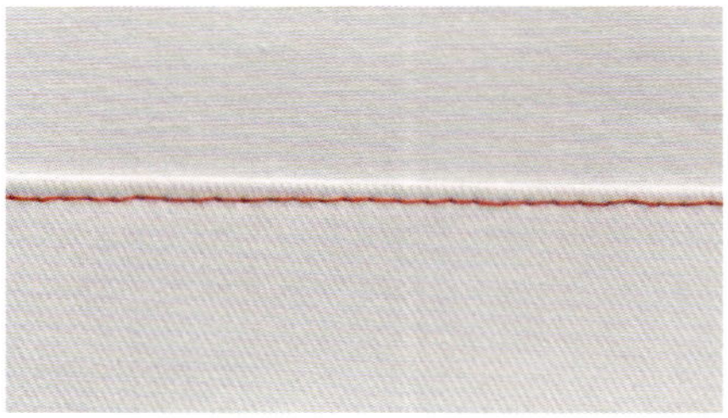

MASCHINENEINSTELLUNG
Stich: Geradstich,
Stichlänge 2,5–3 cm
Nähfuß: Standard- oder Kantenfuß
Faden: Universalnähfaden als Ober- und Unterfaden, farblich passend zum Stoff

Falten

Die verschiedenen Faltentypen wie einseitige Falten, Quetsch- und Kellerfalten, lassen sich auf unterschiedliche Weise einsetzen. Teils werden sie in den Stoff gelegt, um ihm zusätzlich Weite und Fülle zu geben, teils dienen sie als Stilelement, um bestimmte Stellen dekorativ zu betonen. Sie können einzeln, in Gruppen oder an einem Kleidungsstück rundum laufend gearbeitet werden. Je nach gewünschtem Aussehen bzw. Verwendungszweck werden die Faltenkanten scharf eingebügelt, abgesteppt oder nur gelegt, d.h. sie bleiben ungebügelt, damit sie schön weich fallen.

Die meisten Stoffarten eignen sich zum Faltenlegen. Auch dicke, weiche oder flauschige Gewebe können dafür verwendet werden, allerdings sollte man dabei beachten, dass sie auftragen und deshalb nur an Stellen liegen, wo dies nicht stört. Zum Einbügeln empfehlen sich Stoffe, die die Falten gut halten, z.B. Gabardine, Pikee, Krepp, Georgette, Leinen oder festgewebte Wollstoffe.
Besonders kompliziert herzustellende Falten wie Sonnen- und Stehplissee sollte man in einer Plissierwerkstatt anfertigen lassen.

FALTEN MARKIEREN

Faltenart, Stoffmuster und Schnittmuster sind entscheidend dafür, ob die Falten auf der rechten oder linken Stoffseite eingelegt werden, die Markierungen müssen auf der entsprechenden Seite sichtbar sein.
Zum Übertragen von Linien gibt es verschiedene Methoden. Wichtig ist, dass sie für den Stoff geeignet ist. Es empfiehlt sich, in jedem Fall eine Markierprobe zu machen.
Wenn Sie nach Schnittmuster arbeiten, sollten Sie zuerst alle Linien mithilfe von Kopierrädchen und Kopierpapier vom Papierschnitt auf die linke Stoffseite übertragen und das Rädchen dabei an einem Lineal entlang führen. Falls die Linien auf der rechten Stoffseite sichtbar sein müssen, entlang der markierten Linien Heftstiche von Hand oder mit der Nähmaschine arbeiten. Dazu den Geradstich auf die größte Stichlänge einstellen und die Fadenspannung etwas reduzieren.
Man kann auch den Stoff mit der rechten Seite nach unten erneut auf das Kopierpapier legen und mit dem Kopierrädchen die zuvor übertragenen Linien erneut nachfahren. Wer auf einem Stoff Falten nach Wunsch einzeichnen möchte, kann mithilfe von Patchwork-Lineal oder großem Geo-Dreieck sowie Zauberkreide oder Trickmarker die Linien in den gewünschten Abständen auf der entsprechenden Stoffseite markieren.
Die Falten sind mit zwei Linien markiert: Entlang der Bruchlinie (auch häufig Faltlinie oder Faltenbruch genannt) wird der Stoff gefaltet, an der Anstoßlinie liegt die Bruchkante der Falte an. Die Legerichtung ist meist durch einen Pfeil angezeigt. Den Abstand zwischen den beiden Linien, also den inneren Faltenteil, nennt man auch Faltentiefe. Die Mitte der Faltentiefe heißt innere Bruchlinie (auch Innenkante genannt). In Anleitungen können die Bezeichnungen für die Linien variieren, in Schnitten sind sie gelegentlich mit x (= Bruchlinie) und o (= Anstoßlinie) gekennzeichnet.

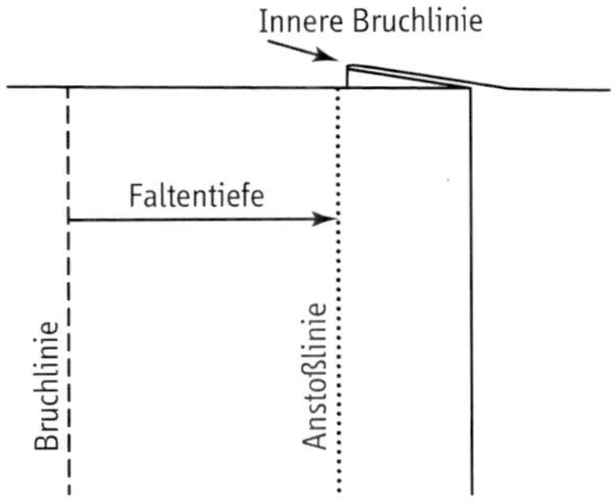

Bleiben die Falten ungebügelt, an der oberen Stoffkante die Legemarkierungen übertragen, für Falten, die eingebügelt werden, alle Längslinien einzeichnen.
Bitte beachten: Soll die Falte bis zu einer bestimmten Höhe zugenäht werden, z.B. von Taille bis zur Hüfte, befindet sich im Schnittmuster dafür eine Querlinie, die das Ende der Naht bzw. den Aufsprungspunkt angibt. Sollen später sowohl Falten als auch Faltenkanten abgesteppt werden, wird diese Naht jedoch einige Stiche kürzer genäht, sonst lässt sich anschließend die Faltenkante nicht bis zur Querlinie absteppen.

FALTEN EINBÜGELN

Nicht nur das Markieren und Legen der Falten muss sorgfältig durchgeführt werden, auch die richtige Bügeltechnik ist entscheidend für eine gleichmäßige und schöne Optik. Von rechts eingelegte Falten zuerst auf der rechten Stoffseite, dann auf der linken bügeln, von links eingelegte Falten in umgekehrter Reihenfolge bügeln. Die Faltengruppen am besten der Länge nach auf das Bügelbrett legen, mit einem Bügeltuch abdecken und beim Dämpfen das Bügeleisen nicht schieben, sondern Schritt für Schritt anheben und wieder aufsetzen. Weiche Falten nur leicht und ohne Dampf anbügeln, scharfkantige Falten unter einem feuchten Tuch bzw. mit Dampf einbügeln.
Wenn alle Falten genäht und zur richtigen Seite gebügelt sind, werden sie entlang der oberen Kante mit Maschinenstichen innerhalb der Nahtzugabe festgeheftet, um ein Verschieben

während der Weiterverarbeitung zu vermeiden.

VON DER LINKEN STOFFSEITE EINBÜGELN Es empfiehlt sich, Streifen aus starkem Papier wie z.B. Packpapier unter die Bruchkanten zu legen, damit sie sich nicht auf die rechte Stoffseite durchdrücken.

VON DER RECHTEN STOFFSEITE EINBÜGELN Falten unter einem Bügeltuch bügeln. Stoffteil auf dem Bügelbrett abkühlen lassen, erst danach weiterarbeiten.

EINSEITIGE FALTEN

Bei der gängigsten Faltenart werden alle Falten in gleicher Breite und meist auch in gleicher Richtung eingelegt. Die Falten haben eine Bruch- und eine Anstoßlinie, die Bruchlinien zeigen alle in die gleiche Richtung.
Die Falten können fest eingebügelt werden (dann häufig Messerfalten genannt) oder ungebügelt bleiben. Bei einigen Kleidungsstücken wie Röcken kann man sie auch gruppenweise in entgegengesetzte Richtungen einlegen, sie werden dann zweiseitige Falten genannt.

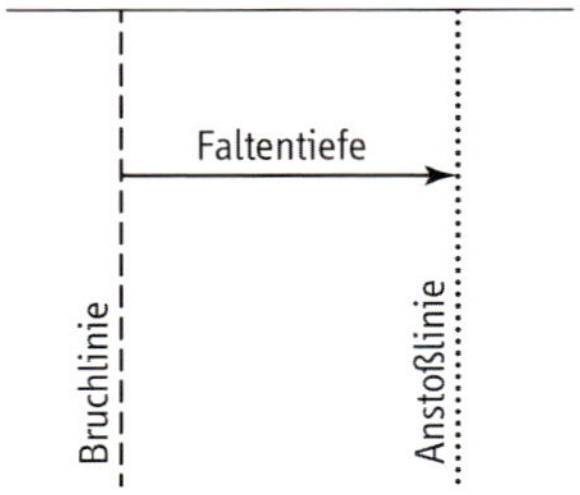

LEGEN OHNE EINBÜGELN An der oberen Kante, von der rechten Stoffseite aus, Bruchlinie an Anstoßlinie legen. Falten feststecken, dann entlang der oberen Kante mit Maschinenstichen innerhalb der Nahtzugabe festheften.

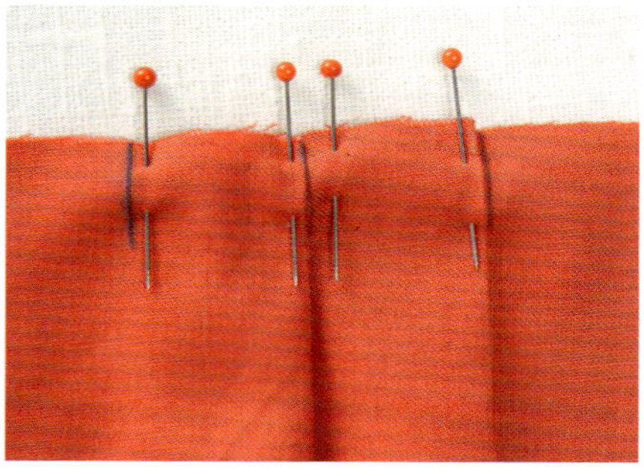

LEGEN UND EINBÜGELN Stoff rechts auf rechts legen, sodass Bruchlinie auf Anstoßlinie liegt und von Oberkante bis Saum feststecken, dann mit großen Maschinenstichen heften und bügeln.

STEPPEN Falten legen und einbügeln (siehe oben). Von der Oberkante bis zur Querlinie bzw. gewünschten Höhe steppen, einige Rückstiche nähen, dann einen leichten Bogen zur Bruchlinie nähen, damit die Falte nicht ausreißen kann.

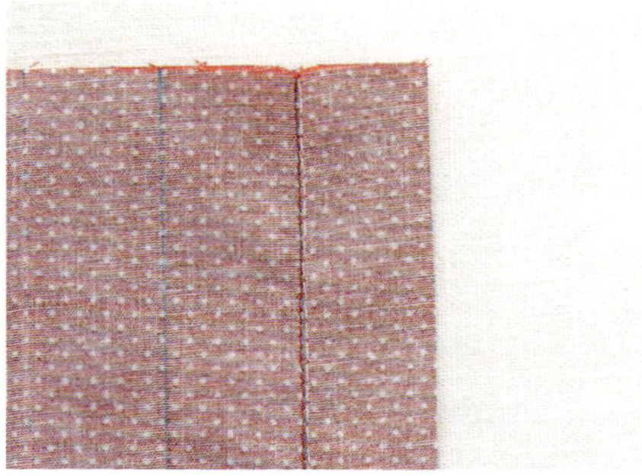

KELLERFALTEN

Jede Falte hat zwei Bruchlinien und eine gemeinsame Anstoßlinie, die gleichzeitig der Mitte der Faltentiefe entspricht. Diese Bruchlinien sind einander zugewandt, die Innenkanten zeigen voneinander weg.

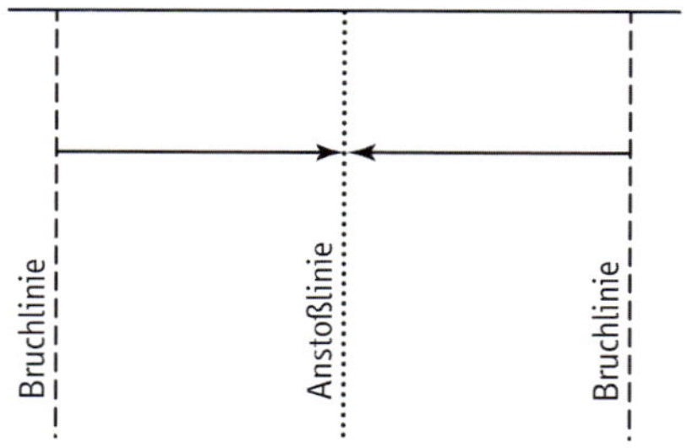

LEGEN OHNE EINBÜGELN An der oberen Kante, von der rechten Stoffseite aus, Bruchlinien an Anstoßlinien legen, dabei stoßen zwei zusammengehörende Bruchlinien aneinander. Falten feststecken, dann entlang der oberen Kante mit Maschinenstichen innerhalb der Nahtzugabe festheften.

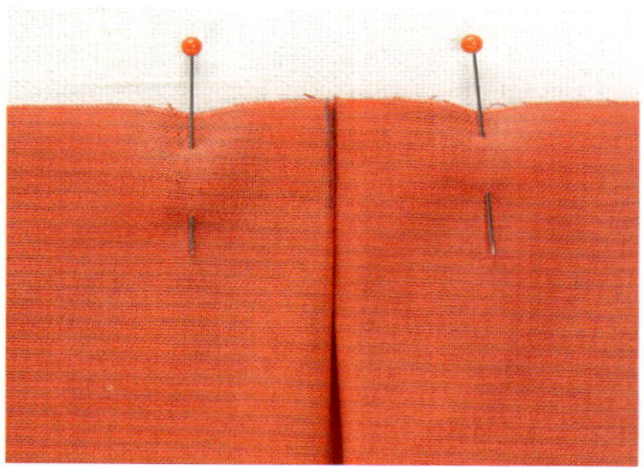

LEGEN UND EINBÜGELN Stoff entlang der Anstoßlinie rechts auf rechts legen, sodass die Bruchlinien exakt übereinanderliegen. Die Bruchlinien von Oberkante bis Saum zusammenstecken und mit großen Maschinenstichen heften. Den inneren Faltenteil auseinander- bzw. flach bügeln, sodass die Anstoßlinie nun genau über den gehefteten Bruchlinien liegt. Die Längsmitte durch alle Stofflagen feststecken und heften.

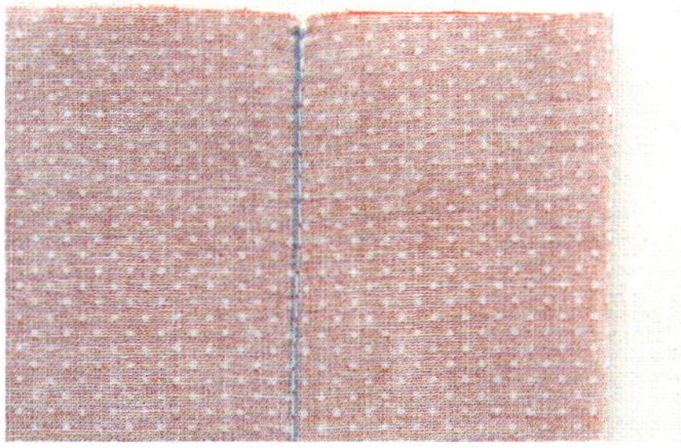

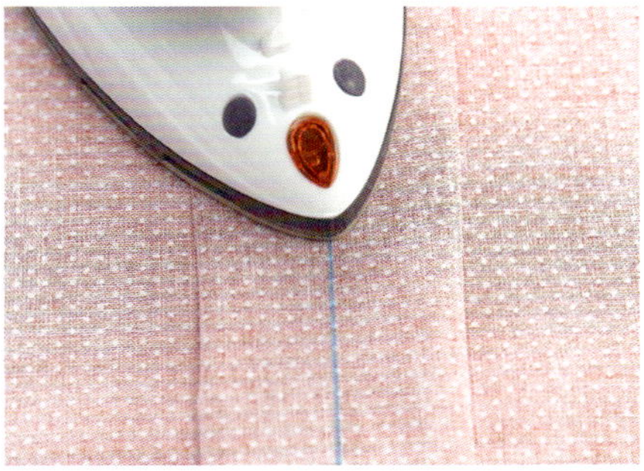

STEPPEN Falte legen und einbügeln (siehe oben). Dann die Falte von der Oberkante bis zur Querlinie bzw. gewünschten Höhe steppen. Heftfaden neben der Naht entfernen. Damit die Falte nicht ausreißen kann, jeweils von der Mitte einen leichten Bogen zur Bruchlinie nähen, dabei nur durch die doppelte Stofflage der Falte nähen.

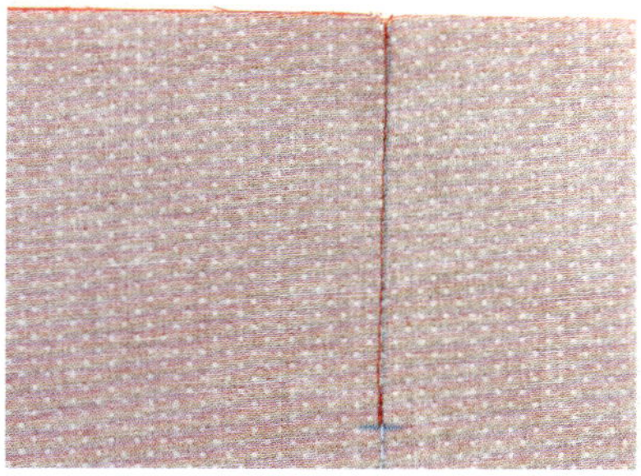

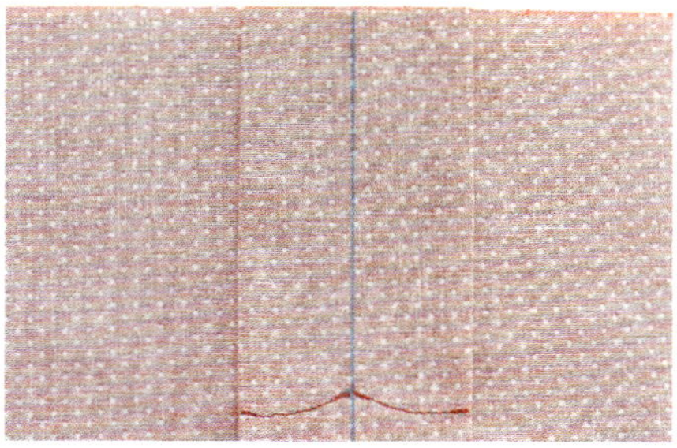

Kräuseln mit Geradstich

[1] Am zu kräuselnden Stoff ca. 3 mm rechts und links von der Nählinie entfernt zwei bis drei parallele Nähte steppen, dabei Anfangs- und Endfäden nicht vernähen, sondern jeweils 6 cm lang stehen lassen, um daran ziehen zu können.

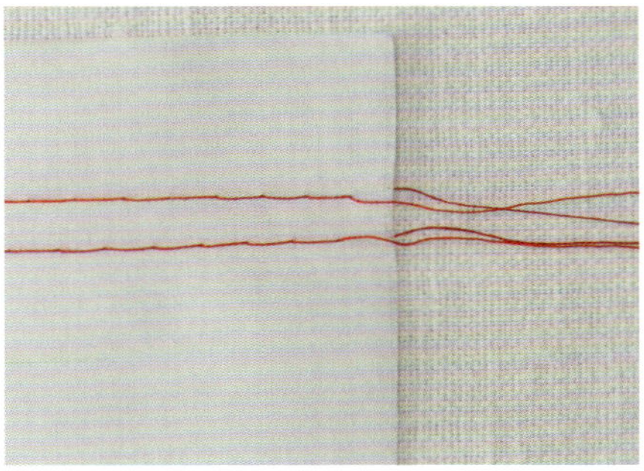

[2] Den Stoff auf die gewünschte Weite einkräuseln, indem man an den überstehenden Unterfäden rechts und links zieht, Endfäden verknoten oder in Form einer 8 um eine Stecknadel wickeln.

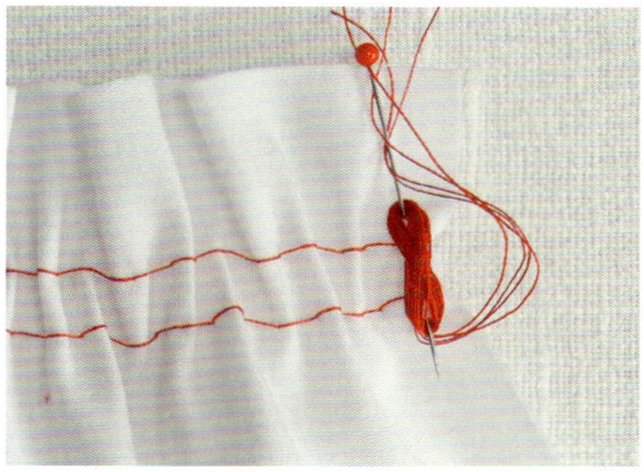

[3] Die Kräusel gleichmäßig über die Stoffbreite verteilen. Gekräuselten Stoff an den entsprechenden Gegenstand annähen, danach die Kräuselfäden vorsichtig herausziehen.

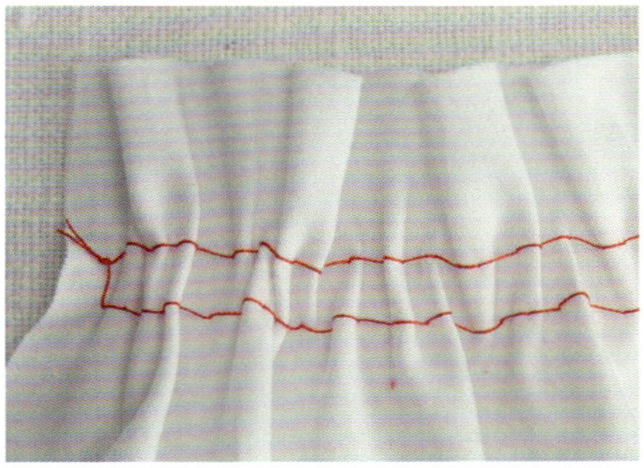

MASCHINENEINSTELLUNG
Stich: Geradstich, Stichlänge 5–6 mm
Nähfuß: Standardfuß
Nadel: Universalnadel
Faden: Universalnähfaden als Ober- und Unterfaden, farblich passend zum Stoff

Formgebende Abnäher

Mit Abnähern werden bestimmte Stellen am Kleidungsstück enger gemacht, um sie besser an die Körperform anzupassen. Dazu werden dreieckige oder rautenförmige Falten in den Stoff genäht.

ALLGEMEINES ZUM THEMA ABNÄHER

Es gibt unterschiedliche Techniken, um Abnäher zu arbeiten.

Den Abnäher mit der für den Stoff geeigneten Methode auf der linken Seite des Stoffs markieren und zusammensteppen, noch bevor die einzelnen Teile für das Kleidungsstück zusammengesetzt werden. Beim Arbeiten nach einem Schnittmuster die Abnäher zuerst einmal heften, um die Passform zu kontrollieren.

Den Nahtanfang mit Rückstichen sichern. Zur Spitze hin muss die Naht möglichst flach auslaufen, um ein Kräuseln oder eine Ausbeulung am Ende zu vermeiden. Dazu ca. 1,5 cm vor der Spitze eine etwas kleinere Stichlänge einstellen und die letzten zwei bis drei Stiche genau auf dem Bruch nähen. Das Nahtende ebenfalls mit Rückstichen sichern oder die Fadenenden gut miteinander verknoten. Überstehende Fadenenden abschneiden.

Den Abnäher sorgfältig ausbügeln. Zuerst den Abnäher flach im Bruch bügeln, dabei nicht über die Spitze hinausbügeln, um Falten zu vermeiden. Anschließend das Schnittteil offen hinlegen und den Abnäher je nach Typ auseinander- oder auf eine Seite bügeln – in der Regel bei waagrechten Abnähern nach unten, bei senkrechten zur Kleidungsmitte hin. Hilfreich zum formgerechten Bügeln ist ein Bügelkissen. Ein Abnäher im Bekleidungsfutter wird in die entgegengesetzte Richtung zum Abnäher im Oberstoff gebügelt, um eine dicke Stelle zu vermeiden.

EINFACHER ABNÄHER

[1] Den Abnäher markieren, die Enden durch Querlinien kennzeichnen.

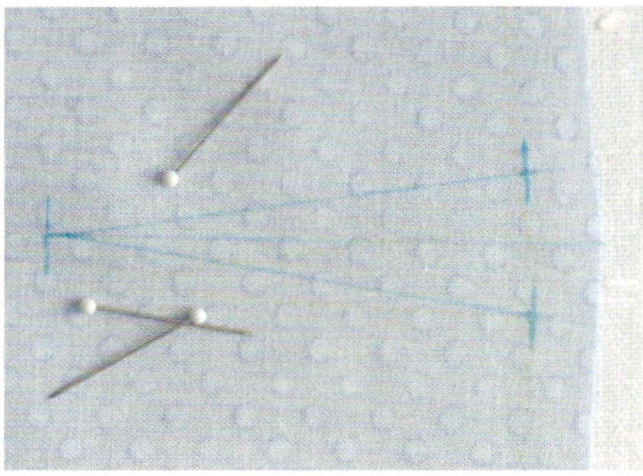

[2] Den Stoff rechts auf rechts falten, sodass die Markierungen aufeinanderliegen, dann an der Abnäherspitze beginnend feststecken. Den Abnäher von der breiten Seite aus zur Spitze nähen, dann die Fäden an Nahtanfang und -ende sichern.

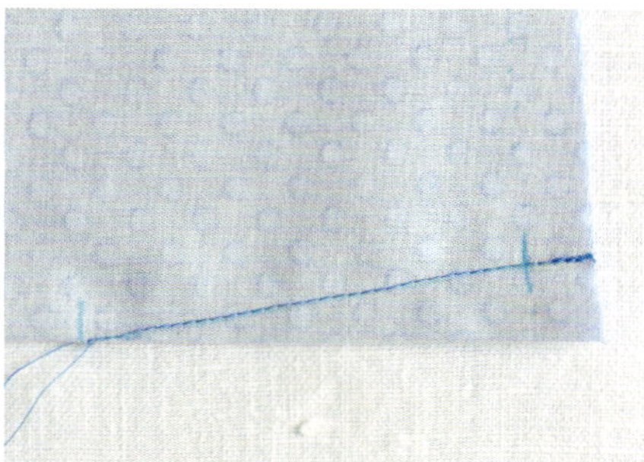

TAILLENABNÄHER

Kleider und Oberteile ohne Taillennaht werden mit diesen Abnähern auf Form gebracht. Die senkrechten, rautenähnlichen Taillenabnäher laufen an beiden Enden spitz aus.

Den Abnäher markieren und den Stoff rechts auf rechts falten, sodass die Markierungen aufeinanderliegen. Den Abnäher in zwei Arbeitsgängen jeweils von der Mitte aus zur Spitze steppen, die zweite Naht so beginnen, dass sie die ersten 5–10 mm überlappt. Damit sich der Abnäher zur Seite bügeln lässt, wird er in der Mitte bis dicht zur Naht eingeschnitten. Je nach Abnähertiefe kann es erforderlich sein, ihn zusätzlich auf beiden Seiten mittig zwischen Einschnitt und Spitze einzuknipsen.

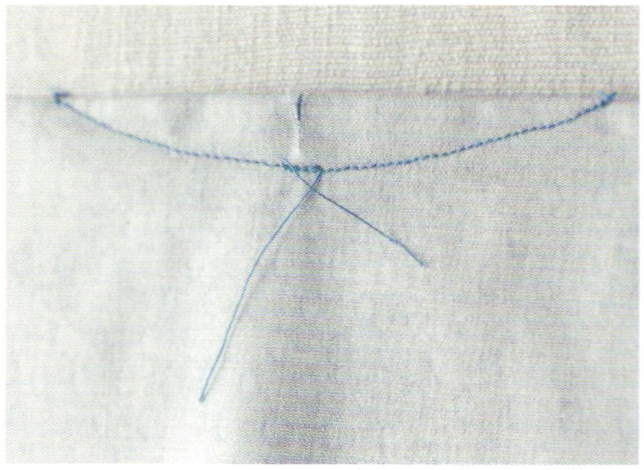

Ausschnitt mit Formbeleg

Runde, ovale, eckige oder v-förmige Halsausschnitte können mit einem verstärkten Formbeleg bzw. -streifen eingefasst werden. Er ist in der Regel 3–5 cm breit, leicht zu nähen und bildet einen sauberen Abschluss. Besteht der Beleg aus zwei Teilen (Vorder- und Rückenteil), die Teile rechts auf rechts legen und die Schulternähte zusammensteppen, dann die Nahtzugaben auseinanderbügeln und versäubern. Bei dicken und schweren Stoffen wird häufig ein Schrägstreifen verwendet, da er weniger aufträgt.

[1] Den Beleg rechts auf rechts auf den Ausschnitt stecken, Schulternähte sowie vordere und rückwärtige Mitten liegen dabei aufeinander, dann feststeppen. Die Nahtzugaben zurückschneiden, an den Enden der Schulternähte abschrägen und auseinanderbügeln, je nach Form an Ecken, Spitzen oder Rundungen vorsichtig einschneiden.

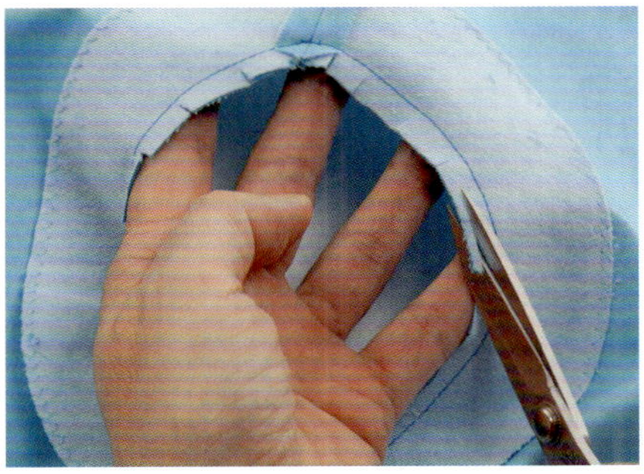

[2] Den Beleg nach Wunsch untersteppen oder nach innen wenden und den Ausschnitt von rechts absteppen. Den Beleg innen mit Handstichen an den Schulternähten festnähen.

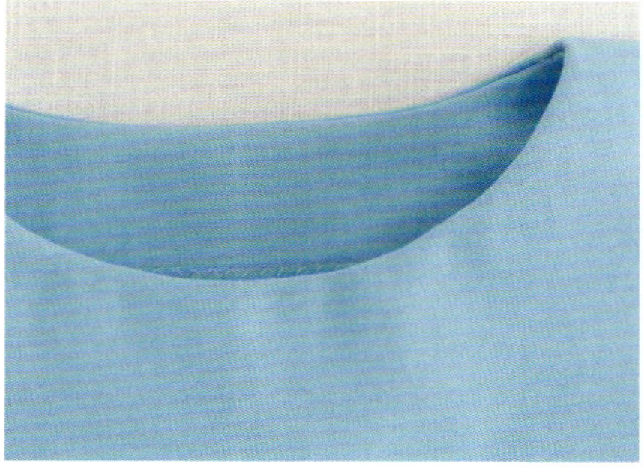

Ausschnitt mit kombiniertem Beleg

Bei ärmellosen Kleidungsstücken ohne Kragen werden Belege für Hals- und Armausschnitte in einem Stück zugeschnitten, vor allem bei schmalen Schulterpartien, wo sich getrennte Belege überlappen würden. Die Belegteile von links verstärken.

[1] Die Seitennähte am Kleidungsstück rechts auf rechts stecken und zusammensteppen, ebenso am Beleg, dann die Nahtzugaben auseinanderbügeln und versäubern. Den Beleg rechts auf rechts an Hals- und Armausschnitt stecken und bis auf die Schulternähte feststeppen (siehe Markierungen mit Trickmarker). Die Nahtzugaben zurückschneiden und je nach Form an Ecken, Spitzen oder Rundungen einschneiden.

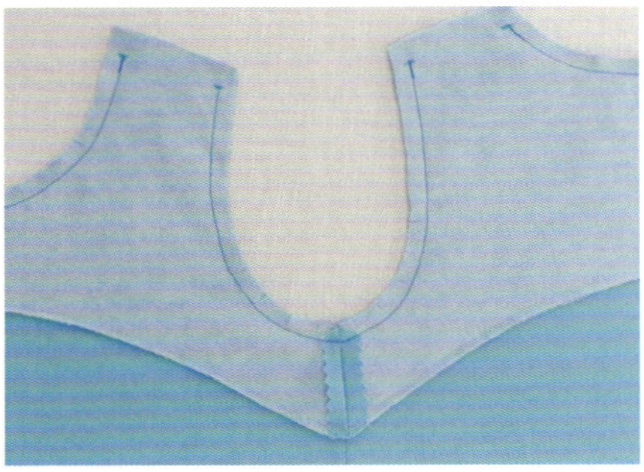

[2] Den Beleg nach innen wenden. Am Kleidungsstück die Schulternähte rechts auf rechts aufeinanderstecken und zusammensteppen.

[3] Dann am Beleg die Nahtzugaben der Schulternähte auf ca. 6 mm Breite zurückschneiden, einschlagen, sodass sie aneinanderstoßen und mit Handstichen zusammennähen. Den Beleg mit unsichtbaren Handstichen an den Seitennähten fixieren. Nach Wunsch die Ausschnitte von rechts absteppen.

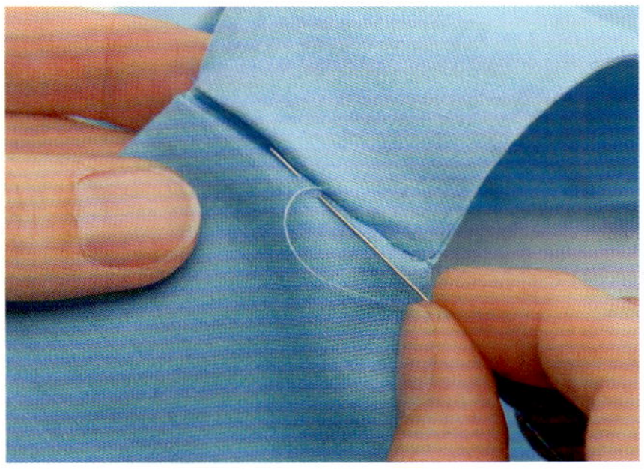

Kragen nähen

Bei Umlegekragen (z.B. Hemd- und Reverskragen) sollte die Unterseite an den Außenkanten je nach Stoffdicke 1–3 mm beschnitten werden, damit sie sich nicht nach außen vorschieben kann und die Oberseite durch die Mehrweite später schöner fällt. Die Wahl der Einlage richtet sich nach Stoff und Machart des Kragens, sie bestimmt, wie steif oder weich der Kragen wirkt. Häufig wird die Unterseite verstärkt, bei leichten oder transparenten

Stoffen besser die Oberseite verstärken, damit die Nähte nicht durchscheinen. Soll der Kragen sehr steif sein, werden alle Teile verstärkt. Normalerweise finden sich in Nähanleitungen genaue Angaben, welche Kragenseite verstärkt werden soll, sowie Hinweise zur Einlagenart.

[1] Die Ecken der Einlage abschrägen, sodass die Schnittkante knapp innerhalb der späteren Nahtlinie liegt, dann die Einlage auf die linke Seite des entsprechenden Kragenteils aufbügeln. Die Kragenteile rechts auf rechts legen, Außenkanten feststecken und aufeinandersteppen, die Ansatzlinie bleibt offen. Die Nahtzugaben abgestuft zurückschneiden, dabei bleiben sie am Oberkragen breiter, je nach Kragenform an Ecken abschrägen und an Rundungen einschneiden oder einkerben. Die Nahtzugaben auseinanderbügeln.

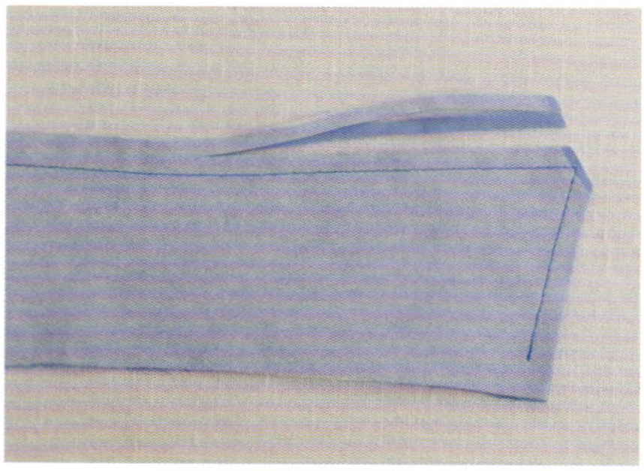

[2] Den Kragen wenden und die Ecken mithilfe des Kantenformers vorsichtig nach außen drücken, dann sorgfältig flach bügeln. Dabei darauf achten, dass die Naht auf der Unterseite dicht neben dem Bruch liegt, sodass sie von rechts nicht zu sehen ist. Nach Wunsch die geschlossenen Kanten von rechts schmalkantig oder bis ca. 7 mm breit absteppen.

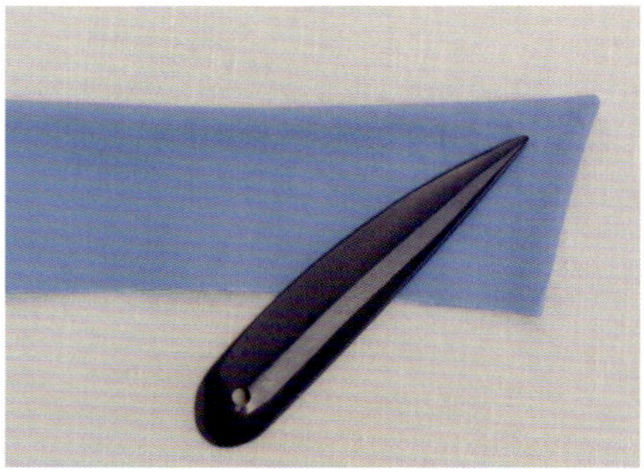

Stehkragen

Der Stehkragen kann einteilig zugeschnitten werden oder sich aus Ober- und Unterkragen zusammensetzen. Meistens wird er gerade gearbeitet, zweiteilige können auch abgerundet sein, wie z.B. beim Steg für den Hemdkragen. Bei einteiligen Kragen aus nicht allzu dicken Stoffen die komplette linke Seite, bei zweiteiligen Kragen die Oberseite verstärken. Den Kragen nähen, beim Aufeinandersteppen der Kragenteile die Naht bis zur markierten Ansatzlinie schließen, dann beim Unterkragen die Nahtzugabe der Ansatzkante umbügeln.
Die einfachste Methode, einen Stehkragen zu nähen, ist, wenn der Kragen mit der Verschlusskante bündig abschließt (wie hier abgebildet).

[1] Am Halsausschnitt die Nahtzugabe einschneiden, damit sich der Kragen gut anpassen lässt. Den verstärkten Oberkragen rechts auf rechts an den Halsausschnitt stecken und feststeppen. Die Nahtzugaben abgestuft zurückschneiden, an den Enden abschrägen.

[2] Den Kragen nach oben klappen, Nahtzugaben erst auseinander-, dann in den Kragen bügeln. Die eingeschlagene Kante des Unterkragens innen über der Ansatznaht feststecken und mit Handstichen festnähen oder von der rechten Seite aus alle Kanten absteppen und dabei mitfassen.

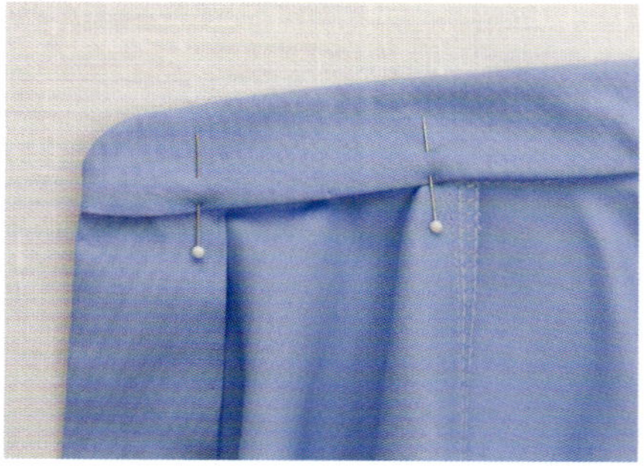

[3] So sieht der Stehkragen von rechts aus. Falls im Schnitt vorgesehen, in die überlappenden Schmalseiten noch einen Verschluss einarbeiten.

Hemdkragen mit Steg

Dieser Kragentyp, auch Hemdblusenkragen genannt, ist sozusagen ein erweiterter Stehkragen und wird für Blusen und Herrenhemden verwendet. Überwiegend wird der Steg als separates Teil angefertigt, er kann jedoch auch angeschnitten werden. Wie der Kragen besteht er aus Ober- und Unterseite und wird ebenso verstärkt.

[1] Den Kragen nähen: Das obere Kragenteil verstärken, beim Aufeinandersteppen der Kragenteile die Naht bis zur Schnittkante schließen. Den gewendeten Kragen absteppen. Die Stegteile rechts auf rechts legen und den Kragen zwischen den Passzeichen einschieben, dabei liegen die verstärkten Teile jeweils unten. Die Stegteile bis an die Ansatzlinie aufeinandersteppen. Die Nahtzugaben abgestuft zurückschneiden und an den Ecken abschrägen. Bei der Unterseite des Stegs die Nahtzugabe der Ansatzkante umbügeln.

[2] Den Steg wenden, dann die Oberseite rechts auf rechts an den Halsausschnitt stecken und wie oben beim Stehkragen beschrieben annähen.

[3] Den Steg von der rechten Seite aus absteppen.

[4] So sieht der fertige Hemdkragen aus.

Ärmel einsetzen

ALLGEMEINES

Pass- und Einsetzzeichen auf dem Schnittteil helfen dabei, den Ärmel genau und auf der richtigen Seite einzusetzen, deshalb müssen sie exakt übertragen werden. Vor allem bei weichen, elastischen Stoffen sollte ein Ausdehnen des Armausschnitts verhindert werden, indem die Nahtlinie ringsum mit Einlage, z.B. Form- oder Nahtband, verstärkt wird. Stabilisierend ist auch eine Stütz- oder Stretchnaht, dazu dicht neben der ersten Naht auf der Nahtzugabe entlangsteppen. Wenn der Stoff zum Ausfransen neigt, können die Nahtzugaben eingefasst oder französische Nähte gearbeitet werden.
Vor dem Einnähen wird der Ärmel zunächst mit langen Steppstichen in den Armausschnitt eingeheftet. Es empfiehlt sich, durch eine Anprobe Sitz und Fall der Ärmelform zu kontrollieren. Den Ärmel immer von der Ärmelseite und nicht vom Kleidungsstück aus heften und steppen.

EINGESETZTER ÄRMEL

Die meistverwendete Ärmelform kann ein- oder zweiteilig sein, eine glatte, gekräuselte oder gefältelte Armkugel haben, das Einsetzen erfolgt jedoch immer nach der gleichen Methode. Schulter- und Seitennähte des Kleidungsstücks werden vorher geschlossen.

[1] Die gebogene Kante (= Armkugel) hat meist einen größeren Umfang als der entsprechende Bereich am Armausschnitt und muss deshalb eingehalten werden. Dazu zwischen den Markierungen beidseitig der Nahtlinie zwei Nähte mit 4-6 mm langen Steppstichen nähen, Fadenenden an Nahtanfang und -ende hängen lassen. Den Ärmel rechts auf rechts legen und die untere Ärmelnaht steppen. Die Nahtzugaben auseinanderbügeln und versäubern, dann den Ärmel wenden.

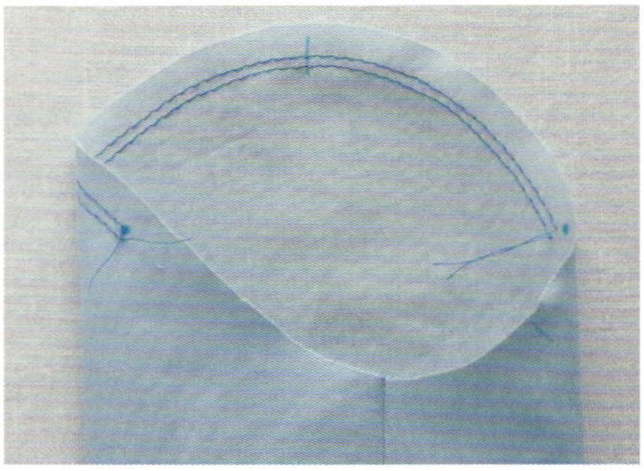

[2] Den Ärmel rechts auf rechts in den Armausschnitt schieben, die linke Seite des Kleidungsstücks ist außen. Dabei liegt die Ärmelauf der Seitennaht, erst Passzeichen zusammenfügen, dann rundum feststecken. Die Unterfäden der Einhaltenähte so weit anziehen, bis die überschüssige Weite gleichmäßig verteilt ist.

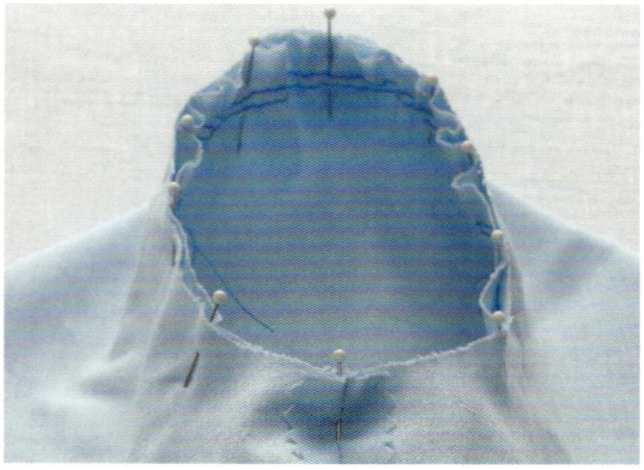

[3] An der Seitennaht beginnend den Ärmel einsteppen, dabei die eingehaltene Weite von Hand glätten, damit keine Fältchen entstehen. Die Einhaltefäden entfernen und – falls erforderlich – eine Stütznaht nähen. Die Nahtzugaben zurückschneiden, an den Enden der unteren Ärmel- und Seitennaht abschrägen, dann zusammengefasst versäubern. Für eine schöne Kugelrundung die Nahtzugaben nicht in eine bestimmte Richtung bügeln, sondern nur vorsichtig über dem Ärmelbrett flach bügeln.

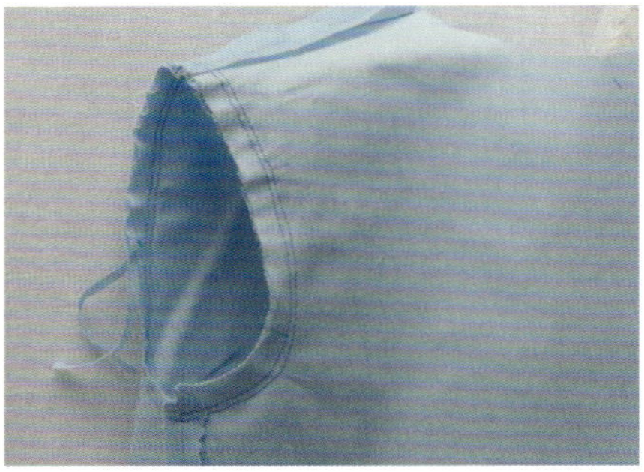

Einteilige Manschette

Gerade Manschetten mit der klassischen Breite von 3-5 cm sind meist nur in einem Teil zugeschnitten, ebenso die doppelt breit geschnittene Umschlagmanschette, auch Doppelmanschette genannt.

[1] Eine Längshälfte der Manschette (= spätere Oberseite) mit Einlage (z.B. Kantenfix) verstärken. Nun die Nahtzugabe an der Längskante der Unterseite umbügeln.

[2] Die Manschette rechts auf rechts legen, dabei steht die obere Nahtzugabe der verstärkten Seite über. Die schmalen Kanten zusammenstecken und aufeinandersteppen. Die Nahtzugaben zurückschneiden und an den Ecken abschrägen, dann die Manschette auf die rechte Seite wenden.

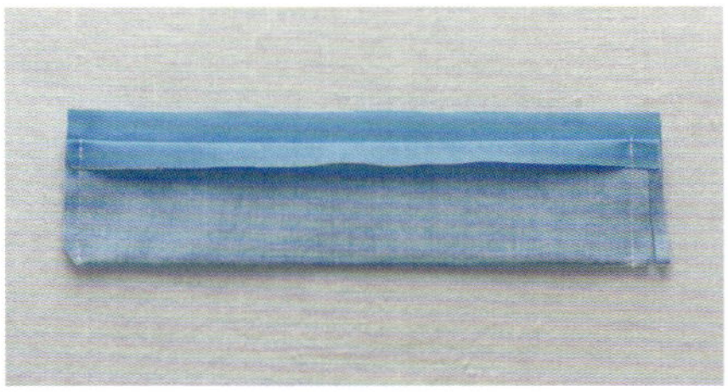

Manschetten annähen

Je nach Schlitzverarbeitung und gewünschtem Verschluss endet eine Manschette bündig mit den Schlitzkanten oder wird mit Untertritt gearbeitet, bei der Umschlagmanschette stehen beide Enden über.

Knopflöcher nähen

Mithilfe von modernen Nähmaschinen lassen sich unterschiedliche Arten von Knopflöchern nähen, die mit Stoffen und Bekleidungsstilen harmonieren. Maschinengenähte Knopflöcher benötigen in der Regel einen Knopflochfuß. Es gibt automatische Knopflöcher, die in einem Arbeitsgang genäht werden, und Knopflöcher, die in zwei bis vier Arbeitsschritten genäht werden (siehe Hinweise in Ihrem Maschinenhandbuch). Neben den einfachen programmierten Knopflöchern gibt es je nach Maschinenmodell auch Augen- und Stretchknopflöcher.

Knopflöcher bestehen aus zwei langen Stichreihen, den sogenannten Raupen, die mit engen Zickzackstichen genäht sind, und aus zwei Riegeln, die aus breiten, auf der Stelle genähten Zickzackstichen bestehen. Die Riegel begrenzen und befestigen das Knopfloch. Nach dem Nähen werden die Knopflöcher mit einem Nahttrenner aufgeschnitten.

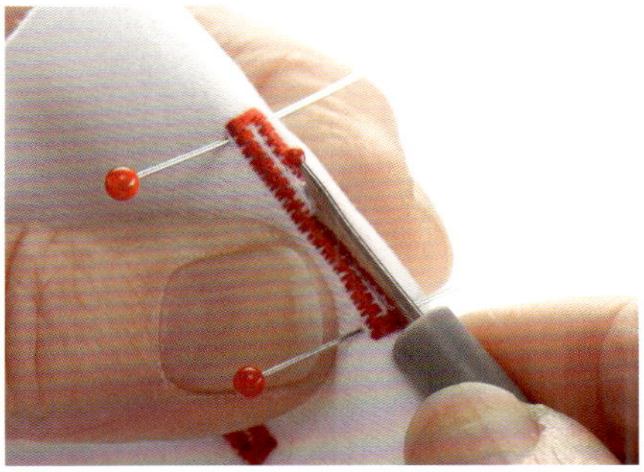

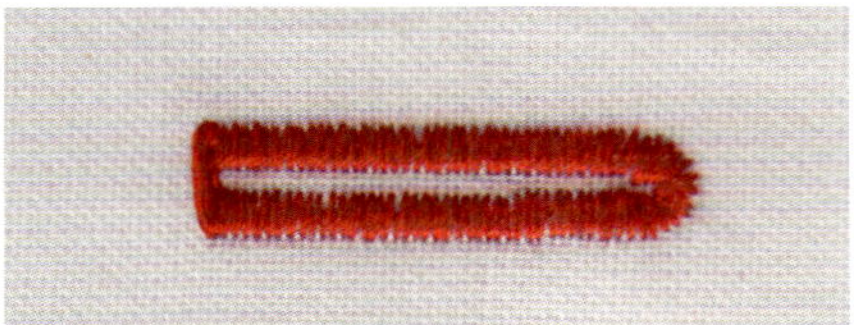

Rundknopfloch

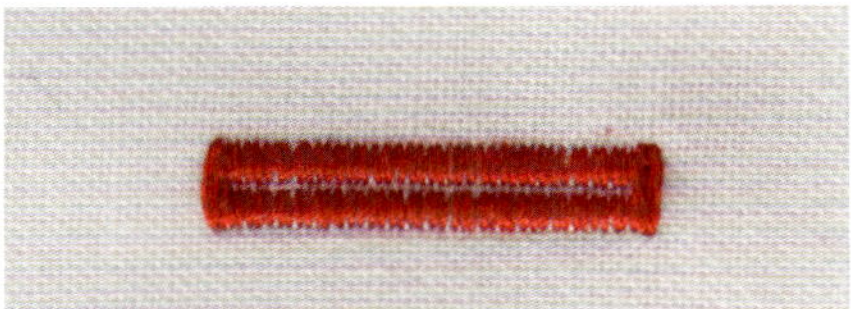

Wäscheknopfloch schmal

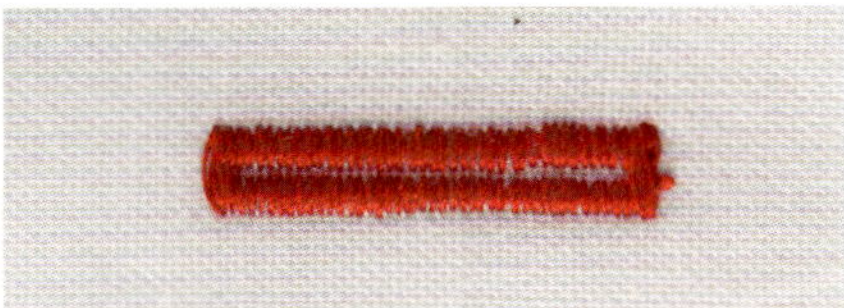

Wäscheknopfloch breit

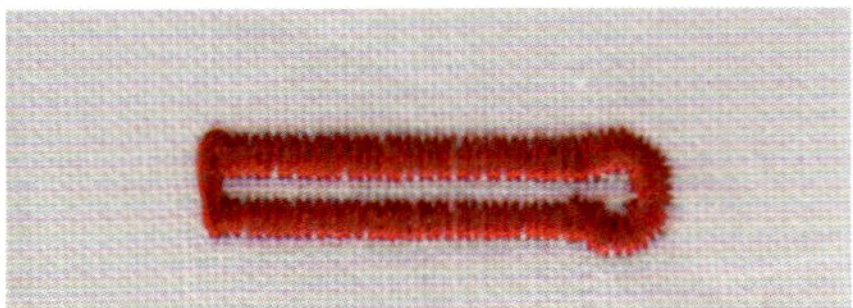

Augenknopfloch

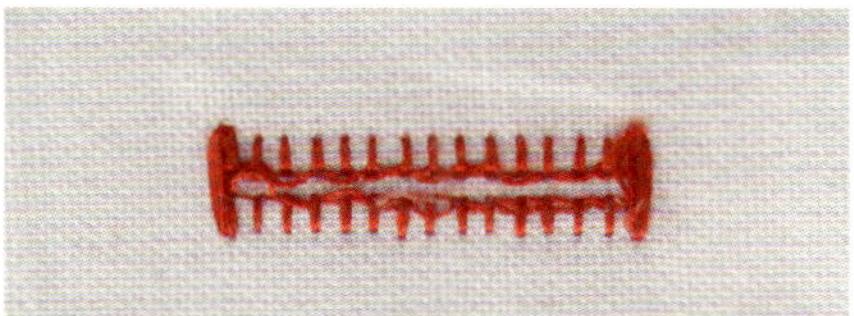

Langettenknopfloch

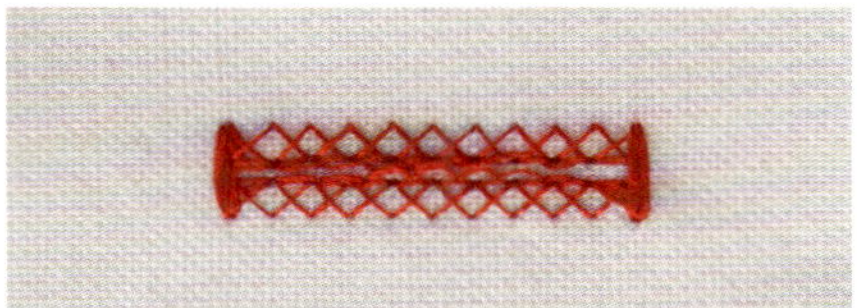

Stretchknopfloch

Stretchknopfloch

Knopflöcher können auch mit einem Beilauffaden oder mit dünnem Perlgarn gearbeitet werden. Sie wirken dann plastischer und formschöner. Der Beilauffaden wird beim Nähen der Raupen übernäht. Manche Knopflochfüße sind mit einer Vorrichtung ausgestattet, die den Beilauffaden während des Nähens festklemmt.

Knopfloch mit Beilauffaden

Knöpfe annähen

Knöpfe nicht mit der Hand annähen zu müssen, ist eine große Erleichterung, vor allem, wenn mehrere Knöpfe angenäht werden müssen. Mit der Nähmaschine und dem Knopfannähfuß geht es schnell und einfach. Als Erstes werden die Knopfannähstellen markiert.

KNÖPFE OHNE STIEL

Knöpfe ohne Ösen, sogenannte Durchnähknöpfe, lassen sich schnell mit der Nähmaschine annähen.
Den Nähfuß der Nähmaschine entfernen und den Transporteur versenken. Den Stoff mit dem Knopf unter die Nähfußstange oder unter den Knopflochfuß platzieren, den Nähfußhebel senken, einen Zickzackstich einstellen (Stichlänge 0, Stichbreite = Lochabstand). Ca. 5- bis 7-mal abwechselnd durch die Nählöcher des Knopfes nähen, die Nähfäden auf die Stoffrückseite ziehen und verknoten.

KNOPF MIT STIEL

Der Stiel verhindert, dass der Knopf beim Schließen den Übertritt zusammendrückt.
Zwischen Knopf und Nähfußstange wird ein Zahnstocher oder Streichholz als Abstandhalter gelegt, der mit Zickzackstichen übernäht wird. Die Endfäden mit einer Nähnadel zwischen Knopf und Stoff hindurchziehen, den Zahnstocher entfernen und die Stielfäden mehrmals mit dem Nähfaden umwickeln, Nähfäden auf der Rückseite verknoten.

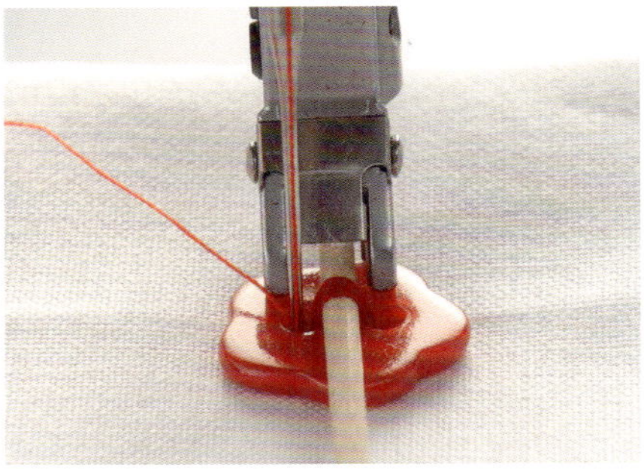

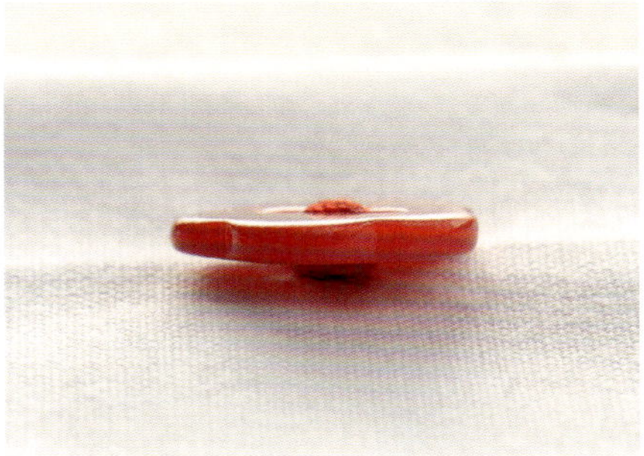

Haken und Rundösen für aneinanderstoßende Kanten

Haken und Öse ineinanderhängen und so auf die Innenseite des Kleidungsstücks legen, dass die Verschlusskanten gerade aneinanderstoßen, dabei liegt der Haken etwa 2 mm von der Kante entfernt und die Öse ragt darüber hinaus. Durch die Annähringe jeweils eine Stecknadel stecken, Position markieren, dann die Teile aushaken und die Ringe mit einigen Stichen umnähen.

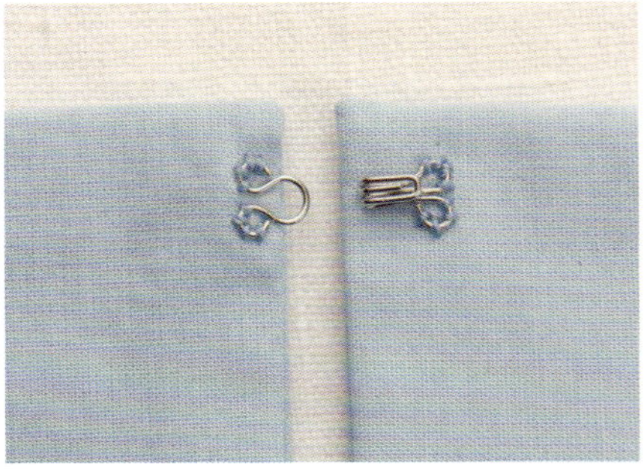

Unsichtbarer Reißverschluss

Der unsichtbare Reißverschluss wird überwiegend bei Röcken, Damenhosen und Kleidern eingesetzt, wenn ein sichtbarer Reißverschluss unerwünscht ist, sowie bei Florstoffen wie Samt, wenn die Stepplinien stören würden. Zum Einnähen ist ein besonderer, nahtfeiner Reißverschluss erforderlich, bei dem die Spirale auf der Rückseite liegt, sowie ein Spezial-Reißverschlussfuß, der als Sonderzubehör erhältlich ist. Der Reißverschluss sollte ca. 2 cm länger als der vorgesehene Schlitz sein. Die Naht, die die Stoffteile verbindet, wird oftmals erst nach dem Einsetzen des Reißverschlusses geschlossen, um ein Wellen am unteren Schlitzende zu vermeiden.

[1] Bei beiden Stoffteilen die Mittellinien sowie das Schlitzende auf der rechten Stoffseite markieren. Den Reißverschluss öffnen und eine Bandhälfte rechts auf rechts so auf die Nahtzugabe heften, dass die Spirale genau auf der Mittellinie liegt, dabei das untere Reißverschlussende 2 cm überstehen lassen. Den Spezialfuß so einsetzen, dass die Kerbe an der Fußunterseite über die Spirale gleiten und die Nadel ganz knapp neben der Spirale einstechen kann. Anschließend den Reißverschluss von oben nach unten bis zum markierten Schlitzende feststeppen.

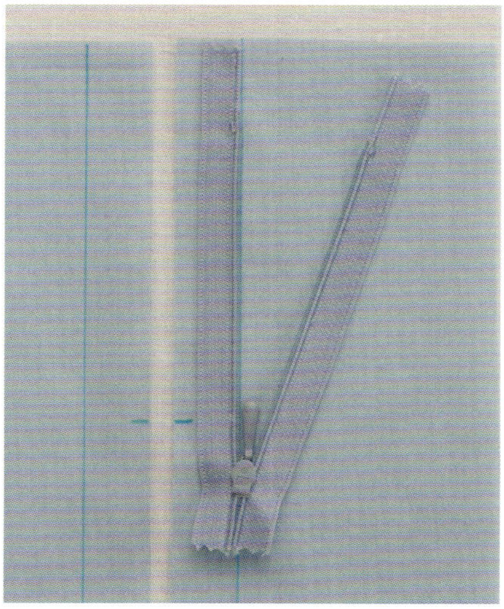

[2] Danach die andere Reißverschlusshälfte beim zweiten Stoffteil genauso einnähen.

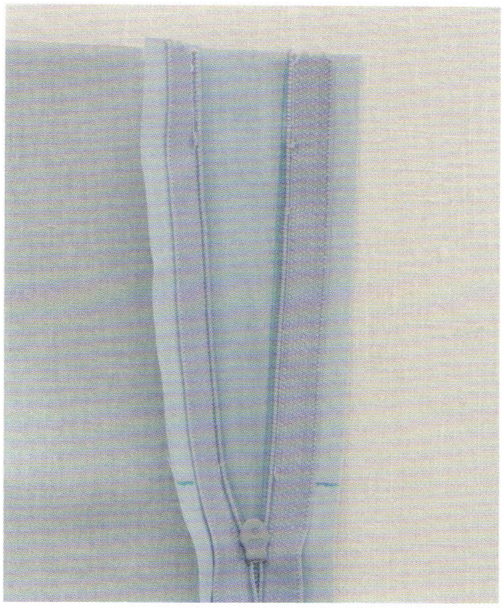

[3] Nun den Reißverschluss schließen. Die Naht unterhalb des Reißverschlusses steppen, dazu den normalen Reißverschlussfuß einsetzen. Vom Reißverschlussende nach unten nähen, dabei das Bandende vorsichtig zur Seite ziehen, damit sich das erste Stück besser nähen lässt. Zwischen Reißverschluss-Einsteppnaht und der Mittelnaht bleibt eine kleine Lücke von ca. 3 mm offen.

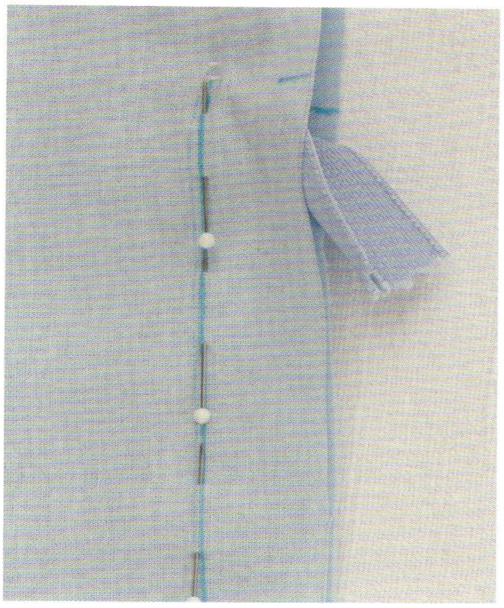

[4] Zuletzt die Bandenden in Längsmitte auf den Nahtzugaben feststeppen, damit sie flach liegen, den Oberstoff nicht mitfassen.

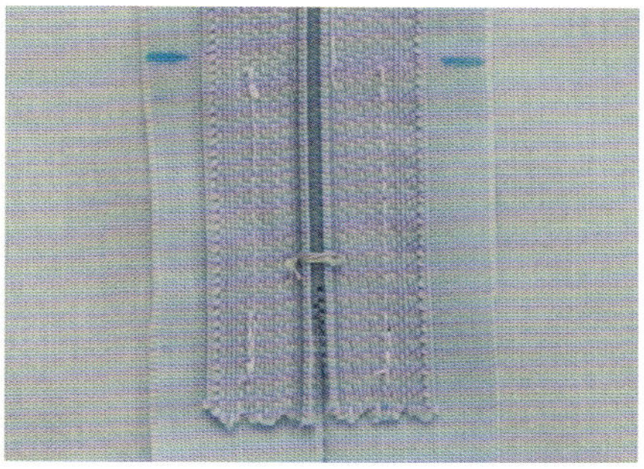

[5] So sieht der Reißverschluss von rechts aus.

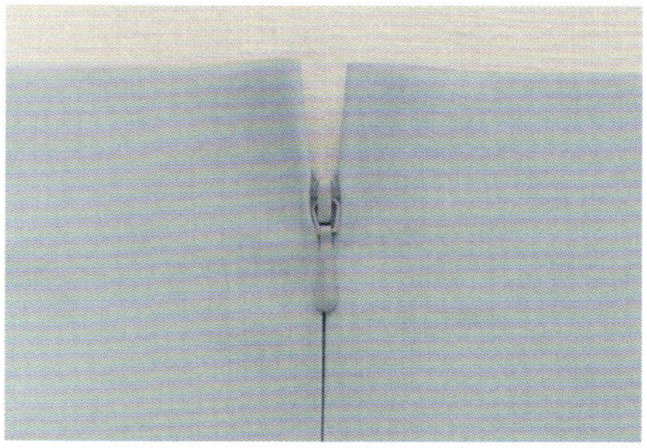

Buchempfehlungen für Sie

TOPP 6399
ISBN 978-3-7724-6399-0

TOPP 6469
ISBN 978-3-7724-6469-0

TOPP 6455
ISBN 978-3-7724-6455-3

TOPP 6452
ISBN 978-3-7724-6452-2

TOPP 6450
ISBN 978-3-7724-6450-8

TOPP 6467
ISBN 978-3-7724-6467-6

TOPP 6453
ISBN 978-3-7724-6453-9

TOPP 19847
GTIN 400774219847-3

TOPP 6402
ISBN 978-3-7724-6402-7

TOPP 6413ISBN
978-3-7724-6413-3

TOPP 6976
ISBN 978-3-7724-6976-3

TOPP 6979
ISBN 978-3-7724-6979-4

Kreativ-Bücher finden Sie auf www.TOPP-kreativ.de

Weitere Ideen zum Selbermachen gesucht?

*Lieblingsstücke von einfach bis einfach genial finden Sie bei TOPP!
Lassen Sie sich auf unserer Verlagswebsite, per Newsletter
oder in den sozialen Netzwerken von unserer Vielfalt inspirieren!*

Website

Verlockend: Welcher Kreativratgeber soll es für Sie sein? Schauen Sie doch auf **www.TOPP-kreativ.de** vorbei & stöbern Sie durch die neusten Hits der Saison!

TOPP-Autoren

Sie wollen wissen, wer die „Macher“ unserer Bücher sind? Wer Ihnen nützliche Tipps & Tricks gibt? Auf **www.TOPP-kreativ.de/Autor** warten jede Menge spannender Infos zum jeweiligen Autor auf Sie. Finden Sie heraus, welches Gesicht hinter Ihrem Lieblingsbuch steckt!

Facebook

Werden Sie Teil unserer Community & erhalten Sie brandaktuelle Informationen rund ums Handarbeiten auf **www.Facebook.com/Mitstrickzentrale**
Wer sich für Basteln, Bauen, Verzieren & Dekorieren interessiert, ist auf **www.Facebook.com/Bastelzentrale** genau richtig!

Pinterest

Sie sind auf der Jagd nach den neusten Trends? Sie suchen die besten Kniffe? Die schönsten DIY-Ideen? All' das & noch vieles mehr gibt es von TOPP auf **www.Pinterest.com/Frechverlag**

Newsletter

Bunt, fröhlich & überraschend: Das ist der TOPP-Newsletter! Melden Sie sich unter: **www. TOPP-kreativ.de/Newsletter** an & wir halten Sie regelmäßig mit Tipps & Inspirationen über Ihr Lieblingshobby auf dem Laufenden!

Extras zum Download in der Digitalen Bibliothek

Viele unserer Bücher enthalten digitale Extras: Tutorial-Videos, Vorlagen zum Downloaden, Printables & vieles mehr. Dieses Buch auch? Dann schauen Sie im Impressum des Buches nach. Sofern ein Freischaltcode dort abgebildet ist, geben Sie diesen unter **www.TOPP-kreativ.de/DigiBib** ein. Nach erfolgreicher Registrierung erhalten Sie Zugang zur digitalen Bibliothek & können sofort loslegen.

YouTube

Sie wollen eine ganz neue Technik ausprobieren? Sie arbeiten an einem spannenden Projekt, aber wissen nicht weiter? Unsere Tutorials, Werbetrailer, Interviews & Making Of's auf **www.YouTube.com/Frechverlag** helfen Ihnen garantiert dabei, den passenden Ratgeber von TOPP zu finden.

Instagram

Sie sind auf Instagram unterwegs? Super, TOPP auch. Folgen Sie uns! Sie finden uns auf **www.Instagram.com/Frechverlag**
Möchten Sie uns an Ihrem Lieblingsprojekt teilhaben lassen? Am besten posten Sie gleich ein Foto mit dem Hashtag **#frechverlag** & wir stellen Ihr Werk gerne unserer Community vor – yeah!

Alles in einer Hand gibt's hier:

Kreativ-Bücher finden Sie auf www.TOPP-kreativ.de

Die Lust am Nähen hat bei Franziska Fulvio bereits als junges Mädchen begonnen. Damals war Mamas Stoffkiste perfekt für die ersten Nähversuche und wurde in schnellen Zügen geplündert. Als es dann um die Zukunft ging, war bald klar, dass sie ihr Hobby zum Beruf machen möchte. Sie hat eine Schneiderausbildung absolviert, ein Studium angehängt und arbeitet nun in einem sehr erfolgreichen, deutschen Modekonzern als Produktentwicklerin.
Für Freunde und Familie fertigt sie gerne besondere Wünsche für besondere Anlässe.
Vor einigen Monaten hat sie einen kleinen Shop bei Dawanda eröffnet und verkauft dort verschiedene Geschenkartikel. Piccolina_by_Leonhardt.

ABKÜRZUNGEN

l-a-l = links auf links
l-a-r = links auf rechts
NZG = Nahtzugabe
r-a-l = rechts auf links
r-a-r = rechts auf rechts

Hilfestellung zu allen Fragen, die Materialien und Kreativbücher betreffen:
Frau Erika Noll berät Sie. Rufen Sie an: 05052/911858* *normale Telefongebühren

Vielen Dank an Wagner Ludwigsburg für die Unterstützung.

PRODUKTMANAGEMENT, KONZEPT, MODELLGESTALTUNG: Nina Armbruster
LEKTORAT: no:vum, Susanne Noll, Hennef
FOTOS: frechverlag GmbH, Turbinenstraße 7, 70499 Stuttgart; lichtpunkt, Michael Ruder, Stuttgart
LAYOUT: Petra Theilfarth
DRUCK UND BINDUNG: Neografia, Slowakei

1. Auflage 2017

ISBN 978-3-7724-6468-3 • Best.-Nr. 6468

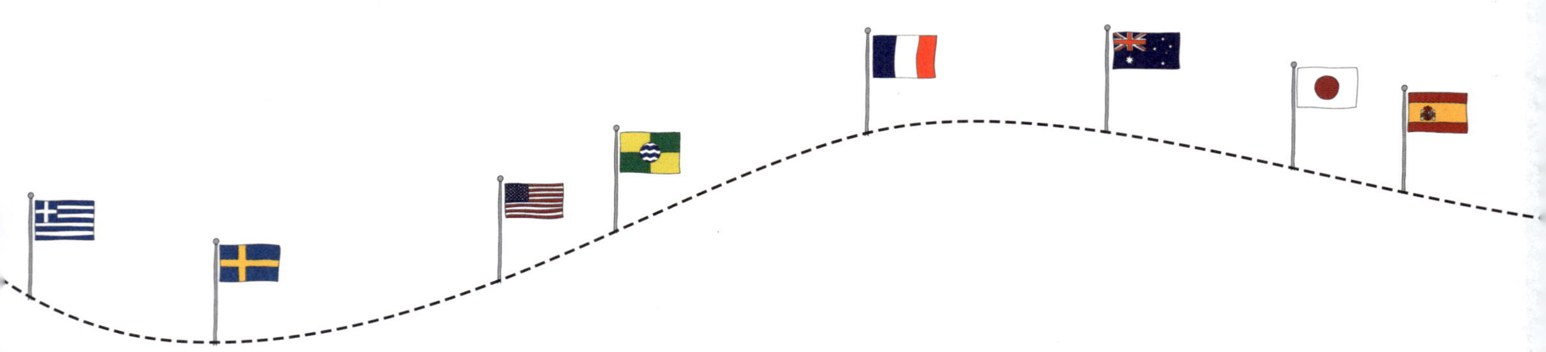